Besonderheiten bei der Bewertung junger Unternehmen

Mario Smeets

Besonderheiten bei der Bewertung junger Unternehmen

 Springer Gabler

Mario Smeets
Köln, Deutschland

ISBN 978-3-658-22879-8   ISBN 978-3-658-22880-4   (eBook)
https://doi.org/10.1007/978-3-658-22880-4

Die Deutsche Nationalbibliothek verzeichnet diese Publikation in der Deutschen Nationalbibliografie; detaillierte bibliografische Daten sind im Internet über http://dnb.d-nb.de abrufbar.

Springer Gabler

Springer Gabler ist ein Imprint der eingetragenen Gesellschaft Springer Fachmedien Wiesbaden GmbH und ist ein Teil von Springer Nature
Die Anschrift der Gesellschaft ist: Abraham-Lincoln-Str. 46, 65189 Wiesbaden, Germany

Vorwort

Junge Unternehmen benötigen im Rahmen ihres Unternehmenswachstums regelmäßig Finanzierungsmittel. Diese können die Form von Fremd- oder Eigenkapital besitzen. Insbesondere für einen Eigenkapitalgeber stellt sich dabei regelmäßig die Frage nach dem Wert des Unternehmens. Dieser Wert besitzt nicht nur für den Kauf des Unternehmens oder des Unternehmensanteils Relevanz, sondern ebenso für den späteren Verkauf. Die Ermittlung des Unternehmenswertes ist bei jungen Unternehmen mit Besonderheiten verbunden, da diese zum Bewertungszeitpunkt vielfach negative Erträge erwirtschaften, stark wachsen und hohen Risiken hinsichtlich ihrer zukünftigen Entwicklung ausgesetzt sind.

Ziel der vorliegenden Arbeit ist eine Analyse dieser Besonderheiten und die Untersuchung möglicher Lösungsansätze, um den Wert eines jungen Unternehmens möglichst zutreffend bestimmen zu können. Hierzu ist zunächst ein geeignetes Bewertungsverfahren zu finden. Anschließend sind Lösungsansätze für Schwierigkeiten, die bei der Anwendung des Verfahrens im Zusammenhang mit jungen Unternehmen auftreten, zu ermitteln. Hierfür werden, aufbauend auf einer Analyse der Merkmale junger Unternehmen, unterschiedliche Bewertungsverfahren und ihr theoretischer Hintergrund untersucht und hinsichtlich ihrer Eignung zur Bewertung junger Unternehmen analysiert. Im Anschluss hieran erfolgt eine theoretische Analyse der bei Anwendung des Discounted-Cashflow-Verfahrens auftretenden Besonderheiten. Insbesondere Lösungsansätze zur Prognose der künftigen Unternehmensentwicklung werden auf ihre Eignung hin untersucht und bewertet. Die Ergebnisse der theoretischen Analyse werden in einer zusammenfassenden Fallstudie, der Bewertung der börsennotierten Zalando SE, auf ihre Praxistauglichkeit hin untersucht.

Die durchgeführte Untersuchung zeigt, dass sich insbesondere das Discounted-Cashflow-Verfahren zur Bewertung junger Unternehmen eignet. Für eine zielsichere Anwendung ist vor allem die zutreffende Prognose der zukünftigen Unternehmensentwicklung erforderlich. Hierfür scheint die Szenariotechnik die geeignetste Methodik zu bieten. Die Unternehmenswertermittlung der Zalando SE sowie deren anschließende und mit zeitlichem Versatz durchgeführte Überprüfung unterstreichen dieses Ergebnis.

Inhaltsverzeichnis

Abkürzungsverzeichnis

AG	Aktiengesellschaft
APV-Verfahren	Adjusted Present Value-Verfahren
AV	Anlagevermögen
CAPM	Capital Asset Pricing Model
DCF-Verfahren	Discounted-Cashflow-Verfahren
EBT	Earnings before Taxes – Gewinn vor Steuern
EBIT	Earnings before Interests and Taxes – Gewinn vor Zinsen und Steuern
EBIT(1-s)	EBIT nach Steuern
FCF	Free Cashflow
FCF-Verfahren	Free Cashflow-Verfahren
FTE	Flow to Equity
GuV-Rechnung	Gewinn- und Verlustrechnung
HGB	Handelsgesetzbuch
IDW	Institut der Wirtschaftsprüfer
IFRS	International Financial Reporting Standards
Mio. €	Millionen Euro
NWC	Net Working Capital
SE	Societas Europaea (Europäische Gesellschaft)
TCF	Total Cashflow
TCF-Verfahren	Total Cashflow-Verfahren
TV	Terminal Value
VC-Methode	Venture Capital-Methode
WACC	Weighted Average Cost of Capital
WACC-Verfahren	Weighted Average Cost of Capital-Verfahren

Symbolverzeichnis

β	Beta-Faktor
BG_R	Bezugsgröße des Vergleichsunternehmens
BG_Z	Bezugsgröße des zu bewertenden Unternehmens
$\widehat{\Delta NWC}$	Unsicherheitsbehafteter Wert, hier der Veränderung des Net Working Capital ΔNWC
E_t	Prognostizierter Gewinn des zu bewertenden Unternehmens im Jahr des geplanten Exits
$\widehat{EBIT}$	Unsicherheitsbehafteter Wert, hier des EBIT
EK	Marktwert des Eigenkapitals allgemein
EK^{FCF}	Marktwert des Eigenkapitals FCF-Verfahren
EK^{TCF}	Marktwert des Eigenkapitals TCF-Verfahren
EK^{APV}	Marktwert des Eigenkapitals APV-Verfahren
FCF_t	Free Cashflow zum Zeitpunkt t
$FCF_{\tau+1}$	Free Cashflow nach dem Zeitpunkt τ
FK	Marktwert des Fremdkapitals
GK	Marktwert des Gesamtkapitals
$\hat{I}$	Unsicherheitsbehafteter Wert, hier der Saldo aus Investitionsauszahlungen und Einzahlungen aus Desinvestitionen
i	Fremdkapitalzinssatz
i_{rf}	Risikoloser Zinssatz
k_s^f	Kapitalkostensatz bzw. Diskontierungszinssatz
m	Anzahl an Simulationen
M	Multiplikator
n	Anzahl der Jahre bis zum Exit
r_m	Erwartete Marktrendite

r_T	Renditeerwartung des Bewertenden
r_s^e	Eigenkapitalkosten bei angenommener vollständiger Eigenfinanzierung
r_s^f	Eigenkapitalkosten eines verschuldeten Unternehmens
$r_{P/E}$	Price Earnings Ratio
s	Steuersatz
$\hat{s}$	Unsicherheitsbehafteter Wert, hier des Steuersatzes
σ_{r,r_M}	Kovarianz der erwarteten Rendite des zu bewertenden Unternehmens und der erwarteten Rendite des Marktportfolios
$\sigma_{r_M}^2$	Renditevarianz des Marktportfolios
t	Zeitpunkt
t_j	Anzahl an Simulationsschritten
τ	Zeitpunkt
TV	Terminal Value
UW	Unternehmenswert allgemein
UW^{FCF}	Unternehmenswert FCF-Verfahren
UW^{TCF}	Unternehmenswert TCF-Verfahren
UW^{APV}	Unternehmenswert APV-Verfahren
UW^{FTE}	Unternehmenswert FTE-Verfahren
UW_R^M	Unternehmenswert des Vergleichsunternehmens
UW_Z^M	Unternehmenswert des zu bewertenden Unternehmens
$\widehat{zuA}$	Unsicherheitsbehafteter Wert, hier der zahlungsunwirksamen Aufwendungen
$\widehat{zuE}$	Unsicherheitsbehafteter Wert, hier der zahlungsunwirksamen Erträge

Abbildungsverzeichnis

Tabellenverzeichnis

Der Autor

Mario Smeets ist als Managementberater für Banken und Versicherer tätig. Vorher war er in der Betreuung gewerblicher Kunden – unter anderem auch junger Unternehmen – für ein Kreditinstitut aktiv. Der Autor ist Master of Business Administration mit Schwerpunkt Management of Financial Institutions und Master of Science der Wirtschaftswissenschaft. Einer seiner Forschungsschwerpunkte ist die Unternehmensbewertung – der Fokus liegt hierbei auf jungen Unternehmen in ihren frühen Lebensphasen.

Sie erreichen Mario Smeets unter:
info@mario-smeets.de

1 Einleitung

1.1 Einordnung

Im Rahmen des Deutschen Startup Monitors 2016 wurden anhand von 1.224 jungen Unternehmen die Bedeutung von Startups für die deutsche Wirtschaft und deren Kapitalbedarf untersucht. Der gesamte Bedarf an Wachstumskapital wird hierin für die folgenden zwölf Monate mit mindestens 1,3 Mrd. Euro beziffert.[1] Gleichzeitig geben 18,8% der befragten Unternehmen an, bereits eine Venture Capital-Finanzierung[2] in Anspruch genommen zu haben.[3] Für einen externen Kapitalgeber stellt sich hierbei regelmäßig die Frage nach dem heutigen Wert des kapitalsuchenden jungen Unternehmens. Die Ermittlung eines korrekten und auf der zukünftigen Entwicklung des jungen Unternehmens basierenden Wertes ist in der Praxis mit Schwierigkeiten verbunden. So bestehen auf der einen Seite verschiedenste Verfahren, um Unternehmenswerte zu ermitteln. Auf der anderen Seite sind relevante Zukunftsgrößen, wie zum Beispiel die Entwicklung der Ertrags- und Liquiditätslage, bei jungen Unternehmen – insbesondere mit zum Bewertungszeitpunkt noch negativer Ertrags- und Liquiditätslage – nur schwer prognostizierbar und dennoch unabdingbar für die

---

[1] Zum Vergleich: In 2014 betrug die Teilnehmeranzahl noch 903, was einem Wachstum von über 35% innerhalb von zwei Jahren entspricht. Der Kapitalbedarf für die kommenden zwölf Monate betrug damals noch ca. 650 Mio. Euro, was sogar einer Verdoppelung innerhalb von zwei Jahren entspricht (vgl. Ripsas/Tröger (2014), S. 43 ff.).

[2] Der Begriff Venture Capital bezeichnet Finanzierungsmittel, die einem jungen Unternehmen mit hohen Wachstumschancen von einer Venture Capital-Gesellschaft für eine begrenzte Zeit als aktives Eigen- oder Beteiligungskapital zur Verfügung gestellt werden (vgl. Rudolph (2006), S. 219).

[3] Vgl. Kollmann et al. (2016), S. 6 und 52 ff.

© Springer Fachmedien Wiesbaden GmbH, ein Teil von Springer Nature 2018
M. Smeets, *Besonderheiten bei der Bewertung junger Unternehmen*,
https://doi.org/10.1007/978-3-658-22880-4_1

Unternehmensbewertung. Bezogen auf die Bewertung junger Unternehmen existieren in der Praxis bislang weder ein einheitliches Bewertungsverfahren noch einheitliche Lösungen zur Prognose der zukünftigen Unternehmensentwicklung.[4]

Wie lässt sich ein möglichst zutreffender Wert junger Unternehmen ermitteln?[5] Dieser Fragestellung folgend, ist die Zielsetzung der vorliegenden Arbeit zweigeteilt. Zunächst ist als erstes Kernziel die Ermittlung eines Bewertungsverfahrens erforderlich, welches sich am besten zur Bewertung junger Unternehmen eignet. Am besten geeignet soll ein Verfahren dann sein, wenn es den Bewertenden einen möglichst zutreffenden Unternehmenswert ermitteln lässt und Aufwand und Nutzen gleichzeitig in einem angemessenen Verhältnis zueinanderstehen – das Verfahren mithin praxistauglich erscheint. Um das gewählte Bewertungsverfahren richtig anwenden zu können, sind korrekte Eingangsgrößen erforderlich. Daher stellt die Ermittlung einer hierfür geeigneten Technik das zweite Kernziel der vorliegenden Arbeit dar.

1.2 Vorgehen

Die Arbeit ist in sechs Teile gegliedert und folgt hierbei der vorstehenden Zielsetzung. Zunächst werden in Kapitel 2 junge Unternehmen von

---

[4]   Vgl. Rzepka et al. (2016), S. 314 ff., Achleitner et al. (2004), S. 708; Schwall (2001), S. 3 ff.

[5]   Die Frage, wann ein Unternehmenswert als zutreffend bezeichnet werden kann, wird im Rahmen dieser Arbeit nicht weiter analysiert. Wie Kapitel 2.3 erläutert, existiert kein einzelner objektiver Unternehmenswert. Vielmehr hängt dieser von den Anlässen der Bewertung und den Interessen der bewertenden Parteien ab. Insofern ist hier ein Wert gemeint, der unter Berücksichtigung des entsprechenden Bewertungsanlasses, möglichst realistisch und objektiv nachvollziehbar ist.

anderen Unternehmen abgegrenzt. Zudem werden Merkmale junger Unternehmen sowie mögliche Bewertungsanlässe und -funktionen dargestellt. Kapitel 3 erläutert zunächst das Discounted-Cashflow-Verfahren. Anschließend werden andere mögliche Bewertungsverfahren auf ihre Eignung zur Bewertung junger Unternehmen hin untersucht. Hiernach erfolgt eine vergleichende Bewertung der Verfahren. Wie noch ausführlich begründet wird, ist das Discounted-Cashflow-Verfahren hierbei als am besten geeignetes Verfahren zur Bewertung junger Unternehmen herauszustellen. Kapitel 4 untersucht dieses näher und beschäftigt sich mit den Besonderheiten und Anwendungsschwierigkeiten, die das Verfahren bei der Bewertung junger Unternehmen besitzt. Auf die bedeutendste Anwendungsschwierigkeit – die Prognose künftiger Cashflows – geht Kapitel 5 ein. Hierin werden Prognosetechniken vorgestellt und kritisch auf ihre Eignung im Rahmen der Bewertung junger Unternehmen hin untersucht. Kapitel 6 wendet die Ergebnisse dieser Arbeit zunächst auf eine Fallstudie aus der Praxis an. Hierzu wird die Zalando SE bewertet. Anschließend wird diese – Ende 2014 durchgeführte – Bewertung per Stichtag 30.12.2016 überprüft. Nach Zusammenfassung aller Ergebnisse zieht Kapitel 7 außerdem ein abschließendes Fazit und stellt als Ergebnis eine Verfahrensweise vor, die eine bestmögliche Ermittlung des Wertes junger Unternehmen erlaubt und damit die Antwort auf die eingangs formulierte Fragestellung liefert.

2 Junge Unternehmen

2.1 Merkmale junger Unternehmen

Junge Unternehmen lassen sich von älteren, beziehungsweise etablierten Unternehmen durch eine Vielzahl von Merkmalen abgrenzen. Das erste, offensichtlichste Merkmal ist die noch junge wirtschaftliche Existenz. Die wirtschaftliche Existenz ist hierbei von der rechtlichen Existenz abzugrenzen. Ein rechtlich junges Unternehmen ist nicht notwendigerweise als eines der hier betrachteten jungen Unternehmen zu bewerten, da dieses beispielsweise auch aus einer Verselbständigung eines vorher rechtlich unselbstständigen Betriebsteils entstehen kann. Kriterium muss somit die junge wirtschaftliche Existenz sein.[6] Wirtschaftlich jung ist ein Unternehmen dann, wenn es noch nicht über einen festen Marktanteil, Kundentreue und einen hohen Bekanntheitsgrad verfügt, sondern sich vielmehr noch im Aufbau des Geschäftsbetriebs oder in der Ausweitung seiner Produktpalette befindet.[7] Aus der jungen wirtschaftlichen Existenz kann abgeleitet werden, dass die hier betrachteten jungen Unternehmen meist eine geringe Unternehmensgröße aufweisen.[8] Ein zweites Merkmal ist die hohe Dynamik junger Unternehmen. Diese sind regelmäßig einem laufenden Veränderungs- und Anpassungsprozess an ihre Umweltentwicklung unterworfen. Gleichzeitig gestalten junge Unternehmen im Gegensatz zu anderen diese Umweltentwicklung regelmäßig selber aktiv mit.[9] Dies gilt jedoch in der Regel nur für neu zu erschließende Märkte oder Marktnischen. Drittes Merkmal junger Unternehmen ist ein überproportionales Wachstum. Hierbei kann kein quantitativer Schwellenwert festgelegt werden, ab dem ein

---

[6] Vgl. Hayn (1998), S. 15., Rzepka et al. (2016), S. 311.

[7] Vgl. Hayn (1998), S. 16 f.

[8] Vgl. Schwall (2001), S. 43.

[9] Vgl. Hayn (1998), S. 17 ff., Rzepka et al. (2016), S. 311.

© Springer Fachmedien Wiesbaden GmbH, ein Teil von Springer Nature 2018
M. Smeets, *Besonderheiten bei der Bewertung junger Unternehmen*,
https://doi.org/10.1007/978-3-658-22880-4_2

Unternehmen ein überproportionales Wachstum aufweist. Vielmehr ist eine Relation zu übergeordneten Wachstumsraten, wie dem Branchenwachstum, herzustellen und das tatsächliche Wachstum anhand der Differenz zwischen übergeordnetem Wachstum und Wachstum des Unternehmens zu beurteilen.[10] Somit soll ein Unternehmenswachstum oberhalb des Branchenschnitts hier als überproportionales Wachstum bezeichnet werden. Bei der Beurteilung des Wachstums ist grundsätzlich nicht auf ein historisches Wachstum abzustellen, da dieses bei jungen Unternehmen nicht notwendigerweise gegeben sein muss. Vielmehr ist das vorhandene zukünftige Wachstumspotenzial zu beurteilen.[11] Kriterien, um das Wachstum messen zu können, sind beispielsweise Umsatz, Gewinn, oder Marktwert des Unternehmens.[12] Ein viertes Merkmal junger Unternehmen ist das sich aus dem kurzen Zeitraum des Bestehens ergebende Fehlen repräsentativer Vergangenheits- und Gegenwartsdaten.[13] Hierdurch mangelt es häufig an einer Grundlage für die Erstellung aussagekräftiger Planungsrechnungen.[14] Das Kapitel 4.2.2 wird zeigen, welche Probleme sich hieraus ergeben und wie diese bewältigt werden können.

Bedingt durch das erst kurze Bestehen des jungen Unternehmens und den damit einhergehenden Mangel an Marktanteilen, Kundentreue, etc., weisen junge Unternehmen als fünftes Merkmal ein verhältnismäßig hohes Risiko auf. Gleichzeitig besteht aufgrund des überproportionalen Wachstums als sechstes Merkmal ein meist hoher Kapitalbedarf.[15] Diesem steht

---

[10] Vgl. Hayn (1998), S. 20 f., Rzepka et al. (2016), S. 311.

[11] Vgl. Hayn (1998), S. 22.

[12] Vgl. Rudolf/Witt (2002), S. 19.

[13] Vgl. Hayn (1998), S. 22.; Maehrle et al. (2005), S. 834.; Rzepka et al. (2016), S. 311.

[14] Vgl. Hayn (1998), S. 24 ff.; Maehrle et al. (2005), S. 834.

[15] Vgl. Hayn (1998), S. 27 ff.

regelmäßig ein (zu) geringes (Start-)Kapital gegenüber.[16] Siebtes Merkmal ist die häufig bestehende Identität von Management und Gründern beziehungsweise Gesellschaftern.[17] In der Literatur wird außerdem die Innovationsfähigkeit junger Unternehmen zur Generierung von Wettbewerbsvorteilen oder Durchdringung von Marktnischen als spezifisches Merkmal aufgeführt.[18] Obwohl durchaus begründbar, ist dieses Merkmal kritisch zu hinterfragen. So investiert beispielsweise die Rocket Internet AG als Beteiligungsgesellschaft in junge Unternehmen, die meist bereits bestehende Ideen und Konzepte kopieren und selber umsetzen.[19] Dennoch wird hier die Innovationsfähigkeit als achtes Merkmal definiert.

---

[16] Vgl. Rzepka et al. (2016), S. 311.

[17] Vgl. Hayn (1998), S. 31 f.

[18] Vgl. Schwall (2001), S. 35 ff.; Hayn (1998), S. 32 ff.

[19] Vgl. The New York Times. Scott, Mark (2014), S. 1.

Zusammenfassend stellt Abbildung 1 die acht Hauptmerkmale junger Unternehmen dar.

Junge wirtschaftliche Existenz	Hohe Dynamik	Überproportionales Wachstum	Fehlen von Vergangenheitsdaten und damit erschwerte Erstellung von Zukunftsprognosen
Hohes Risiko	Hoher Kapitalbedarf	Häufige Identität von Unternehmensleitung und Gesellschaftern	Innovationsfähigkeit (eingeschränkt, s.o.)

Quelle: Eigene Erstellung auf Datenbasis der Ergebnisse des Kapitels 2.1.

Abbildung 1: Merkmale junger Unternehmen

Wenngleich in der Literatur teilweise unterschiedliche Merkmale genannt werden[20] oder eine Systematisierung in Primär- und Sekundärmerkmale erfolgt[21], so finden sich oben aufgeführte Merkmale in genannter Literatur nahezu einheitlich wieder

2.2 Abgrenzung

In einem weiteren Schritt wird nun die anhand der Merkmale definierte Gruppe junger Unternehmen weiter eingeteilt. Hierzu existieren in der Literatur verschiedene Ansätze, die junge Unternehmen in einzelne Entwicklungs- oder Finanzierungsphasen einteilen. So kann beispielsweise eine Gliederung in eine Start-Up-, in eine Wachstums- und in eine Reifephase

---

[20] Vgl. z.B. Schwall (2001), S. 28 ff.; Hayn (1998), S. 15 ff.; Damodaran (2010), S. 214 ff.

[21] Vgl. Schwall (2001), S. 8.

erfolgen.[22] Alternativ werden Entwicklungs-, Gründungs- und Wachstumsphase unterschieden.[23]

Diese Einteilungen ähneln in ihrer Beschreibung den Lebensphasen eines Produktes im Produktlebenszykluskonzept.[24] Die in dieser Arbeit verwendete Definition junger Unternehmen erfolgt in Anlehnung an Rudolph.[25] Dieser nimmt eine Unterteilung in Finanzierungsphasen junger Unternehmen vor, welche in Abbildung 2 dargestellt ist. Hierbei ist zwischen einer Frühphase und einer Anschlussphase zu unterscheiden. Die Frühphase kann weiter in eine Seed-, eine Start Up- und eine First Stage-Phase unterteilt werden. In der Frühphase erfolgen unter anderem die Konzepterstellung zur Unternehmensgründung, die eigentliche Gründung sowie die Markteinführung des Produktes oder der Dienstleistung. Kennzeichen der First Stage ist typischerweise ein erstes Auftreten positiver Zahlungsüberschüsse, der Cashflows.[26] Die auf die Frühphase folgende Anschlussphase gliedert sich in die Expansion und die Divesting Stage, in denen unter anderem der Aufbau von Vertriebskanälen und gegebenenfalls die Aufnahme weiterer Produkte in das Sortiment des Unternehmens erfolgen.[27]

---

[22] Vgl. Maehrle et al. (2005), S. 835.
[23] Vgl. Kußmaul (2006), S. 198.
[24] Vgl. zum Produktlebenszyklus beispielsweise Hayn (1998), S. 231 ff.
[25] Vgl. Rudolph (2006), S. 222 f.
[26] Für eine nähere Erläuterung des Cashflows sei auf Kapitel 3.1.1 verwiesen.
[27] Auch für die Gliederung der in Abbildung 2 beschriebenen Frühphase finden sich in der Literatur neben dem hier verwendeten Ansatz weitere Ansätze. Für eine zusammenfassende Übersicht siehe bspw. Vincenti/Winters (2008), S. 370.

Frühphasenfinanzierung			Anschlussphasen-finanzierung	
Seed	**Start Up**	**First Stage**	**Expansion Stage**	**Divesting Stage**
Konzepter-stellung	Gründung	Aufnahme Produktion	Aufbau Vertriebska-näle	Aufnahme neuer Pro-dukte
Marktanalyse	Produktions-reife/ Marke-tingkonzept	Markteinfüh-rung	Intensivie-rung Wett-bewerb	Erweiterung Produkti-ons- und Vertriebs-system
Cashflow +				
Cashflow -				

Quelle: In Anlehnung an Rudolph (2006), S. 223.

Abbildung 2: Phasen im Lebenszyklus junger Unternehmen

Als junges Unternehmen wird in dieser Arbeit ein Unternehmen definiert, welches sich in der Frühphase befindet und noch negative Cashflows erwirtschaftet. Der entsprechende Bereich ist in Abbildung 2 grau markiert. Damit unterscheidet sich die hier verwendete Abgrenzung junger Unternehmen von anderen häufig in der Literatur verwendeten, die in der Regel eine Abgrenzung rein anhand von Merkmalen vornehmen, jedoch weniger auf den Cashflow als Merkmal zur weiteren Eingrenzung der Gruppe junger Unternehmen eingehen.[28]

2.3 Grundlagen der Bewertung junger Unternehmen

Ziel einer Unternehmensbewertung ist die Zuordnung eines potenziellen Unternehmenswertes, der sich aus dem künftigen Nutzen für den Unternehmenseigentümer beziehungsweise Investor ergibt. Die Festlegung des Bewertungsanlasses ist der erste Schritt für eine erfolgreiche, zielgerichtete Unternehmensbewertung, da hierdurch sowohl der Blickwinkel des Bewertenden als auch die Vorgehensweise bei der Unternehmensbewertung beeinflusst werden.[29]

Eine Unternehmensbewertung kann aus verschiedensten Anlässen erforderlich sein. So kann diese beispielsweise aufgrund eines Unternehmensverkaufs bzw. -kaufs, eines Eintretens eines neuen Gesellschafters oder aufgrund einer Sanierungsprüfung erforderlich sein.[30] Die verschiedenen Anlässe lassen sich dabei grundsätzlich in solche mit oder ohne Änderung der Eigentumsverhältnisse einteilen.[31] Die vorliegende Arbeit beschäftigt sich mit der Bewertung junger Unternehmen in der Frühphase.[32] Unternehmensbewertungen werden hierbei regelmäßig im Rahmen von

---

[28] Vgl. z.B. Hayn (1998), S. 15 ff.; Schwall (2001), S. 28 ff.

[29] Vgl. Nölle (2009), S. 11.

[30] Vgl. Institut der Wirtschaftsprüfer (2008), Tz. 8 ff./ S. 4 f.; Matschke/Brösel (2013), S. 66.

[31] Vgl. Matschke/Brösel (2013), S 89.

[32] Vgl. Kapitel 2.2.

Kapitalaufnahmen[33] erstellt. Eine Venture Capital-Gesellschaft (VC-Gesellschaft)[34], die in ein junges Unternehmen investiert, erstellt sowohl vor der Entscheidung über eine mögliche Beteiligung als auch während der Beteiligungsdauer regelmäßig Unternehmensbewertungen.[35] Ziel ist hierbei meist die Ermittlung eines Exitwertes. Der Exit bezeichnet die Realisierung des durch das Unternehmertum erarbeiteten Vermögens. Dies kann durch einen börslichen oder außerbörslichen Verkauf erreicht werden.[36]
Eng mit den Anlässen der Unternehmensbewertung verknüpft sind die Funktionen der Unternehmensbewertung.[37] So bestimmt der Anlass regelmäßig die Funktion der Unternehmensbewertung. Ist der Anlass beispielsweise der Kauf eines Unternehmens, steht die Funktion der Ermittlung eines Entscheidungswertes im Vordergrund.[38] Während ursprüngliche Auffassungen von der Existenz eines einzigen Unternehmenswertes ausgingen, werden mittels einer Unterscheidung der Funktionen der Unternehmensbewertung seit einigen Jahren die unterschiedlichen Interessen der beteiligten Parteien berücksichtigt. [39] In der Theorie werden diverse

---

[33] Die Unternehmensbewertung erfolgt heute auch vermehrt im Rahmen der wertorientierten Unternehmenssteuerung. Hierbei wird die Unternehmensstrategie an den Eigentümerinteressen ausgerichtet (vgl. Drukarczyk/Schüler (2009), S. 1; Copeland et al. (2002), S. 27 ff.).

[34] Eine VC-Gesellschaft ist auf die Bereitstellung von Venture Capital spezialisiert (vgl. Rudolph (2006), S. 219). Zu den weitergehenden Merkmalen und Besonderheiten von VC-Gesellschaften siehe beispielsweise Rudolph (2006), S. 227 ff.

[35] Vgl. Achleitner/Nathusius (2003), S. 4 f.; Achleitner et al. (2004), S. 705 f.

[36] Vgl. Rudolf/Witt (2002), S. 25. Für eine Übersicht möglicher Exit-Strategien siehe Rudolph (2006), S. 235 f.

[37] Vgl. Matschke/Brösel (2013), S. 65 f.; Schwall (2001), S. 17.

[38] Vgl. Schwall (2001), S. 17.

[39] Vgl. Nölle (2009), S. 15.

Klassifizierungen dieser Funktionen vorgenommen.[40] Angelehnt an den hier relevanten Anlass des Exits, ist im Folgenden die Ermittlung eines Entscheidungswertes bei Kauf oder Verkauf eines Unternehmens beziehungsweise einer Beteiligung als Bewertungsfunktion bedeutsam.

---

[40] Siehe hierzu insbesondere Institut der Wirtschaftsprüfer (2008), Tz. 12/ S. 5, welches drei Funktionen anhand der Rolle des Wirtschaftsprüfers unterscheidet, Matschke/Brösel (2013), S. 52 ff zur funktionalen Bewertungstheorie, Nölle (2009), S. 16 ff. zur Kölner Funktionslehre und Coenenberg/Schultze (2002b), S. 599 f. für eine neuere Einteilung in Haupt- und Nebenfunktionen.

3 Bewertungsverfahren

In der Praxis werden verschiedene Verfahren zur Unternehmensbewertung verwendet, deren Anzahl zunimmt.[41] Einen Überblick bietet Abbildung 3.

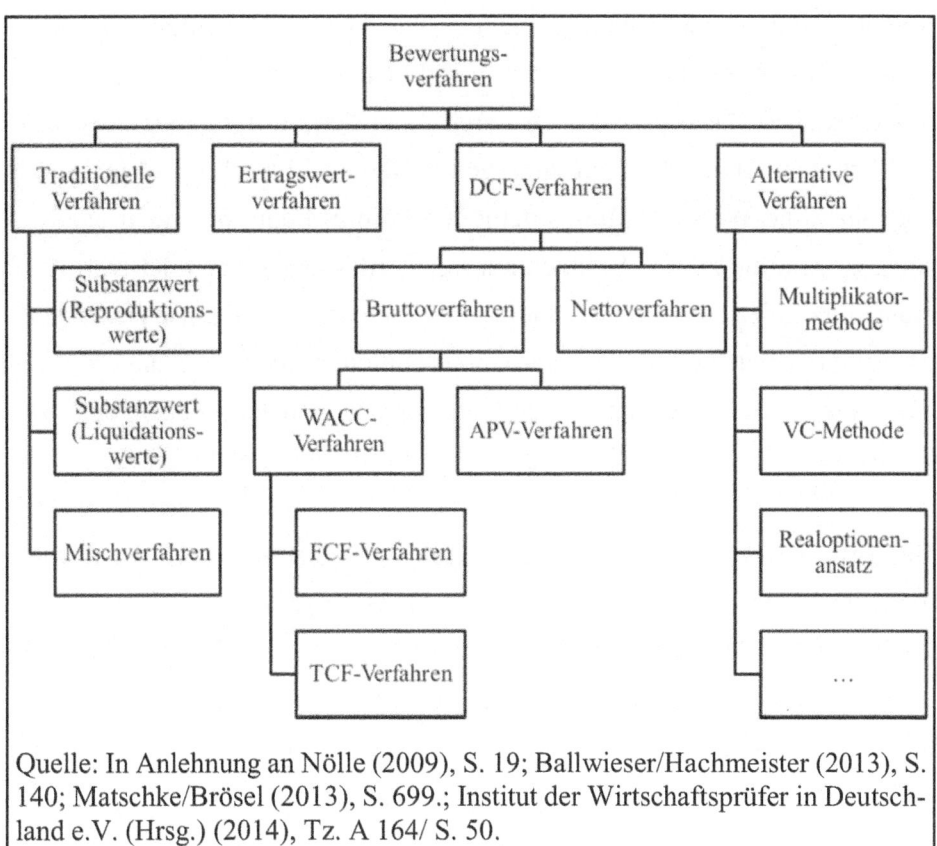

Quelle: In Anlehnung an Nölle (2009), S. 19; Ballwieser/Hachmeister (2013), S. 140; Matschke/Brösel (2013), S. 699.; Institut der Wirtschaftsprüfer in Deutschland e.V. (Hrsg.) (2014), Tz. A 164/ S. 50.

Abbildung 3: Unternehmensbewertungsverfahren[42]

---

[41] Vgl. Nölle (2009), S. 18.

[42] Alternativ lässt sich eine Einteilung in Einzel- und Gesamtbewertungsverfahren vornehmen. Unter die Einzelbewertungsverfahren fallen hierbei das Substanz- und das Liquidationswertverfahren. Die Gesamtbewertungsverfahren lassen sich weiter in Zukunftserfolgswertverfahren – DCF- und

© Springer Fachmedien Wiesbaden GmbH, ein Teil von Springer Nature 2018
M. Smeets, *Besonderheiten bei der Bewertung junger Unternehmen*,
https://doi.org/10.1007/978-3-658-22880-4_3

Traditionelle Verfahren bestimmen den Unternehmenswert als Summe aller Vermögensbestandteile des Unternehmens. Hierbei können Reproduktions- oder Liquidationswerte herangezogen werden. In der Praxis bestehen diverse Schwierigkeiten bei deren Ermittlung. So ist beispielsweise immateriellen Vermögensgegenständen wie Marken, Patenten, oder Kundenstamm nur schwer ein exakter Wert beizumessen.[43] Die Mischverfahren versuchen diese Schwächen durch eine Verknüpfung von Substanz- und Ertragswertverfahren aufzufangen.[44] Den traditionellen Verfahren als eigenständige Wertermittlungsmethoden kommt heute nur noch eine geringe Bedeutung zu. Sie besitzen nur noch Hilfsfunktionen oder werden in Ausnahmefällen verwendet.[45] Gegen die Verwendung dieser Verfahrensgruppe bei der Bewertung junger Unternehmen spricht auch, dass diese in der Regel noch keine materiellen Vermögensgegenstände besitzen.[46] Daher werden die traditionellen Verfahren im Folgenden nicht näher betrachtet.

Das Ertragswertverfahren war lange Zeit in Deutschland als Wertermittlungsverfahren für neutrale Gutachter vorgeschrieben, weshalb es immer noch weite Verbreitung genießt. Es ermittelt den Unternehmenswert durch Diskontierung der künftigen Erträge auf den Bewertungsstichtag und addiert hierzu den Wert des nicht betriebsnotwendigen Vermögens. Bei

---

Ertragswertverfahren – und Vergleichsorientierte Verfahren einteilen (vgl. zusammenfassend Schwall (2001), S. 77).

[43]   Vgl. Nölle (2009), S. 20 f.

[44]   Vgl. Ernst et al. (2017), S. 5 ff.; Nölle (2009), S. 21.

[45]   Vgl. Nölle (2009), S. 21; Schwall (2001), S.84. Ausnahmefälle sind bspw. Bewertungen in schwachen Ertragssituationen oder bei Insolvenzfällen (vgl. Ernst et al. (2017), S. 5).

[46]   Vgl. Achleitner (2001), S. 927.

identischen Bewertungsannahmen gleicht es dem Discounted-Cashflow-Verfahren (DCF-Verfahren) und wird daher hier nicht näher betrachtet.[47] Die anderen beiden in Abbildung 3 aufgeführten Gruppen – DCF-Verfahren und alternative Verfahren – werden in den folgenden Kapiteln näher auf ihre Eignung zur Bewertung junger Unternehmen hin untersucht.

3.1 Discounted-Cashflow-Verfahren

3.1.1 Das Modell

Discounted-Cashflow-Verfahren betrachten Unternehmen als Investitions-objekte. Deren zukünftige Mittelzuflüsse werden auf den Bewertungsstich-tag abgezinst und bilden den Unternehmenswert.[48] Mittelzuflüsse sind hierbei Zahlungsströme – Cashflows. Eine alternative Verwendung des Jahresergebnisses anstelle des Cashflows sollte nicht erfolgen, da das Jahresergebnis durch Anwendung bilanzpolitischer Spielräume stark beeinflussbar ist und nicht notwendigerweise die tatsächlichen Nettozuflüsse an die Unternehmenseigner widerspiegelt.[49] Wie in Abbildung 3 zu sehen, können die DCF-Verfahren in Nettoverfahren (auch Equity-Verfahren) und Bruttoverfahren (auch Entity-Verfahren) eingeteilt werden. Bei Anwendung des Nettoverfahrens kann der Marktwert des Eigenkapitals als Unternehmenswert direkt bestimmt werden. Im Rahmen der Bruttoverfahren wird zunächst der Marktwert des Gesamtkapitals ermittelt. Hiervon wird dann der Marktwert des Fremdkapitals abgezogen, um zum

---

[47] Vgl. Ernst et al. (2017), S. 10; Nölle (2009), S. 21 ff. Für einen ausführlichen Vergleich von Ertragswert- und DCF-Verfahren siehe Mokler (2009), S. 235 ff.

[48] Vgl. Ballwieser/Hachmeister (2013), S. 8 ff.

[49] Vgl. Blaschke (2009), S. 83.

Marktwert des Eigenkapitals zu gelangen.[50] Die Bruttoverfahren lassen sich weiter in das Weighted Average Cost of Capital-Verfahren (WACC-Verfahren) mit seinen beiden Untergliederungen Free-Cashflow-Verfahren (FCF-Verfahren) und Total-Cashflow-Verfahren (TCF-Verfahren) sowie in das Adjusted Present Value-Verfahren (APV-Verfahren) unterteilen. Auf die Besonderheiten der Verfahren gehen die Kapitel 3.1.2 und 3.1.3 ein. Grundlegend für die Anwendung der unterschiedlichen DCF-Verfahren ist die Ermittlung der benötigten Cashflow-Größen. In der Literatur besteht nicht ein einzelner korrekter Ansatz. Vielmehr sind verschiedenste Definitionen zu finden.[51]

---

[50] Vgl. Matschke/Brösel (2013), S. 698 f.
[51] Vgl. Matschke/Brösel (2013), S. 709 ff., die acht Ansätze zur Ermittlung des FCF gegenüberstellen.

Abbildung 4 zeigt das Ermittlungsschema der Cashflow-Größen – ausgehend von den Ein- und Auszahlungen im Betriebsbereich.

	Einzahlungen aus dem Betriebsbereich
-	Auszahlungen aus dem Betriebsbereich
=	Cashflow vor Zinsen und Steuern
-	Steuern bei reiner Eigenfinanzierung
=	Operating Cashflow
-	Saldo aus Auszahlungen für Investitionen und Einzahlungen aus Desinvestitionen
=	**Free Cashflow (FCF)**
+	Unternehmenssteuerersparnis aufgrund Abzugsfähigkeit der Zinsen (Tax Shield)
=	**Total Cashflow (TCF)**
-	Zinsen
+	Kreditaufnahme
-	Kredittilgung
=	**Flow to Equity (FTE)**

Quelle: In Anlehnung an Ballwieser/Hachmeister (2013), S. 141.

Abbildung 4: Cashflow-Begriffe

Alternativ lässt sich insbesondere die Größe Free-Cashflow (FCF) ausgehend vom Jahresüberschuss und somit indirekt ermitteln. Abbildung 5 gibt das Schema hierfür wieder.

	Jahresergebnis (Periodenergebnis)		EBIT
+	Fremdkapitalzinsen	+	sonstiges Finanzergebnis (ohne Fremdkapitalzinsen)
-	Tax Shield	-	Ertragssteuern bei fiktiver Eigenfinanzierung
+	Zahlungs**un**wirksame Aufwendungen	+	Zahlungs**un**wirksame Aufwendungen
-	Zahlungs**un**wirksame Erträge	-	Zahlungs**un**wirksame Erträge
-	Investitionsauszahlungen abzgl. Einzahlungen aus Desinvestitionen	-	Investitionsauszahlungen abzgl. Einzahlungen aus Desinvestitionen
+/-	Verminderung/Erhöhung Net Working Capital	+/-	Verminderung/Erhöhung Net Working Capital
=	**Free Cashflow**	=	**Free Cashflow**

Quelle: In Anlehnung an Institut der Wirtschaftsprüfer (2008), Tz. 127 f./ S. 26; Institut der Wirtschaftsprüfer in Deutschland e.V. (Hrsg.) (2014), Tz. A 297 ff./ S. 97 f.

Abbildung 5: Indirekte Herleitung FCF[52]

Der linke Teil der Abbildung beschreibt das in Deutschland übliche Schema, der rechte das international verwendete. Beide Schemata führen zu gleichen Ergebnissen.[53] Das Net Working Capital (NWC) ist als Differenz aus Umlaufvermögen und kurzfristigen Verbindlichkeiten definiert.[54]

---

[52] Im Original wird anstelle des Net Working Capital der deutsche Begriff Nettoumlaufvermögen verwendet. Im Folgenden wird einheitlich die englische Bezeichnung verwendet. Ferner wird von einer möglichen Berücksichtigung persönlicher Ertragssteuern im Tax Shield abgesehen. EBIT ist das Ergebnis vor Zinsen und Steuern. Zum Tax Shield siehe Kapitel 3.1.2.

[53] Vgl. Institut der Wirtschaftsprüfer in Deutschland e.V. (Hrsg.) (2014), Tz. A 297/ S. 97 f.

[54] Vgl. Heesen/Moser (2013), S. 7. Definition und Abgrenzung von Net Working Capital und Working Capital sind in der Literatur nicht eindeutig. Für einen Überblick über verschiedene Definitionen der Wertgröße Working Capital siehe Matschke/Brösel (2013), S. 710 f.

3.1.2 Bruttoverfahren

Zunächst werden die Bruttoverfahren beginnend mit dem FCF-Verfahren[55] und dem TCF-Verfahren dargestellt. Anschließend wird das APV-Verfahren betrachtet. Ein grundlegender Unterschied zwischen den drei Verfahren ist die Art und Weise der Berücksichtigung des sogenannten „Tax Shield". Dieser beschreibt die Unternehmenssteuerersparnis, welche sich bei Aufnahme von Fremdkapital durch die Abzugsfähigkeit der Fremdkapitalzinsen ergibt.[56] Im FCF-Verfahren erfolgt die Berücksichtigung des Tax Shield im Nenner und somit innerhalb des Diskontierungszinssatzes, im TCF-Verfahren hingegen durch Subtraktion vom relevanten Cashflow im Zähler.[57] Im APV-Verfahren werden die Steuervorteile getrennt ermittelt, diskontiert und zum Wert des fiktiv eigenfinanzierten Unternehmens addiert.[58] Der Unternehmenswert bei Anwendung des FCF-Verfahrens UW^{FCF} ergibt sich als

$$
\begin{aligned}
UW^{FCF} &= EK^{FCF} \\
&= \sum_{t=1}^{\tau} \frac{FCF_t}{\left(1 + k_s^f\right)^t} + \frac{FCF_{\tau+1}}{k_s^f \cdot \left(1 + k_s^f\right)^\tau} \\
&\quad - FK.
\end{aligned}
\tag{1}
$$

UW^{FCF} ist also der Marktwert des Eigenkapitals EK^{FCF}, welcher sich aus der Abzinsung der Free-Cashflows FCF_t und $FCF_{\tau+1}$ (Marktwert des

---

[55] Das FCF-Verfahren wird in der Literatur auch häufig als WACC-Ansatz bezeichnet (vgl. beispielsweise Institut der Wirtschaftsprüfer (2008), Tz. 125 ff./ S. 26 f.). Aufgrund der hier vorgenommenen Unterteilung des WACC-Verfahrens wird im Folgenden aber von FCF- und TCF-Ansatz gesprochen.

[56] Vgl. Ballwieser/Hachmeister (2013), S. 141 f.

[57] Vgl. Krag/Kasperzak (2000), S. 85.

[58] Vgl. Ballwieser/Hachmeister (2013), S. 142.

Gesamtkapitals) abzüglich des Marktwertes des Fremdkapitals FK ergibt.[59] Gleichung (1) unterstellt, dass die Schätzung der FCF in zwei Phasen erfolgt. Dies entspricht gängiger Praxis[60], wenngleich hiervon auch durchaus abgewichen werden kann.[61] Phase 1 geht von $t = 1$ bis τ. Phase zwei beginnt in $\tau + 1$. Der in Phase 2 ermittelte Wert wird auch als Endwert oder Terminal Value bezeichnet.[62] k_s^f beschreibt den Kapitalkostensatz – den Weighted Average Cost of Capital (WACC) –, für den

$$k_s^f = i \cdot (1 - s) \cdot \frac{FK}{GK} + r_s^f \cdot \frac{EK}{GK} \qquad (2)$$

gilt. $i \cdot (1 - s)$ ist der steuerkorrigierte Fremdkapitalzins i mit s als Steuersatz[63], der durch die Fremdkapitalquote $\frac{FK}{GK}$ mit GK als Marktwert des Gesamtkapitals gewichtet wird. r_s^f ist die Renditeforderung der Eigenkapitalgeber, die wiederum durch die Eigenkapitalquote $\frac{EK}{GK}$ gewichtet wird. Beide Quoten spiegeln Marktwerte wieder.[64] Auf die Ermittlung von i und

---

[59] Vgl. Matschke/Brösel (2013), S. 714.

[60] Vgl. Frühling (2004), S. 741.

[61] Vgl. z.B. die von Bausch/Pape (2005), S.481 f. beschriebenen Dreiphasenmodelle.

[62] Vgl. Albrecht (2004), S. 732. Mit der Problematik der korrekten Ermittlung des Terminal Value beschäftigt sich diverse Literatur. Exemplarisch sei hier auf Bausch/Pape (2005), Pape/Kreyer (2009) und Henselmann/Weiler (2007) verwiesen.

[63] Mit s ist hier nicht ein bestimmter Steuersatz gemeint. Vielmehr kann sich dieser aus mehreren Steuersätzen zusammensetzen. So ist bei einer Kapitalgesellschaft beispielsweise sowohl der Gewerbesteuer- als auch der Körperschaftssteuersatz gemäß der Vorschriften des Steuerrechts zu berücksichtigen (vgl. Schacht/Fackler (2009), S. 216 f.).

[64] Vgl. Matschke/Brösel (2013), S. 714.

r_s^f und insbesondere das Capital Asset Pricing Model (CAPM), welches hierfür oft verwendet wird, geht Kapitel 4.2.1 detailliert ein. Bei Betrachten von Gleichung (1) und (2) wird das sogenannte Zirkularitätsproblem der Unternehmensbewertung sichtbar. Der in (1) ermittelte Wert $UW^{FCF} = EK^{FCF}$ ist bereits zur Ermittlung von k_s^f in (2) erforderlich.[65] Dieses Problem ist jedoch entweder durch eine mathematische Iteration, oder aber durch die Vorabfestlegung von Fremdkapitalmengen oder -quoten lös- und daher vernachlässigbar.[66]

Wie vorab erläutert unterscheidet sich das TCF-Verfahren vom FCF-Verfahren durch die unterschiedliche Berücksichtigung des Tax Shields. In Gleichung (1) bzw. (2) ist erkennbar, dass dieser beim FCF-Verfahren mittels $i \cdot (1 - s)$ im Nenner berücksichtigt wird. Beim TCF-Verfahren erfolgt die Berücksichtigung im Zähler, so dass

$$UW^{TCF} = EK^{TCF} = \frac{FCF + s \cdot i \cdot FK}{i \cdot \frac{FK}{GK} + r_s^f \cdot \frac{EK}{GK}} - FK \qquad (3)$$

gilt.[67] Der Zähler stellt damit die in Abbildung 4 ermittelte Größe TCF dar. Wie in Gleichung (4) zu erkennen, ermittelt das APV-Verfahren den Unternehmenswert in zwei Teilen, bevor erneut das Fremdkapital abgezogen wird. Zunächst wird der Wert eines theoretisch unverschuldeten Unternehmens ermittelt. Hinzu wird der Wert der aus der tatsächlich vorhandenen Fremdfinanzierung stammenden Steuervorteile addiert. Hierbei basiert das Verfahren auf den Modigliani/Miller-Thesen der sechziger Jahre. Diese

---

[65] Vgl. Matschke/Brösel (2013), S. 714 f.

[66] Vgl. Schacht and Fackler (2009), S. 218; Kruschwitz/Löffler (2003), S. 733.

[67] Vgl. Matschke/Brösel (2013), S. 720. Anders als in (1) wird hier der Übersichtlichkeit halber für die Darstellung des UW^{TCF} nur eine anstelle von zwei Phasen dargestellt.

behaupten, dass der Unternehmenswert unabhängig von der Kapitalstruktur sei. Eine Beeinflussung des Unternehmenswertes kann nur durch kapitalstrukturabhängige Steuern und marktbedingte Unvollkommenheiten erfolgen.[68] Bei Anwendung des APV-Verfahrens gilt für den Unternehmenswert

$$UW^{APV} = EK^{APV}$$

$$= \sum_{t=1}^{\tau} \frac{FCF_t}{(1+r_s^e)^t} + \frac{FCF_{\tau+1}}{r_s^e \cdot (1+r_s^e)^\tau} \tag{4}$$

$$+ \sum_{t=1}^{\tau} \frac{s \cdot i \cdot FK_{t-1}}{(1+i)^t} + \frac{s \cdot i \cdot FK_\tau}{i \cdot (1+i)^\tau} - FK.$$

Hierbei werden nach wie vor zwei Planungsphasen berücksichtigt. r_s^e bezeichnet hier die Eigenkapitalkosten bei angenommener vollständiger Eigenfinanzierung.[69]

3.1.3 Nettoverfahren

Das Nettoverfahren wird auch als Flow to Equity-Verfahren (FTE-Verfahren) bezeichnet, da der Marktwert des Eigenkapitals direkt und ohne vorherige Ermittlung des Marktwerts des Gesamtkapitals ermittelt wird. Hierzu wird auf die Wertgröße FTE abgestellt. Unter Berücksichtigung zweier unterschiedlicher Planungsphasen ergibt sich der Unternehmenswert bei Anwendung des Nettoverfahrens als

$$UW^{FTE} = \sum_{t=1}^{\tau} \frac{FTE_t}{\left(1+r_s^f\right)^t} + \frac{FTE_{\tau+1}}{r_s^f \cdot \left(1+r_s^f\right)^\tau}. \tag{5}$$

Gleichung (5) zeigt, dass das FTE-Verfahren grundsätzlich dem FCF-Verfahren ähnelt. Der Unterschied liegt – wie eingangs beschrieben – in der verwendeten Cashflow-Größe, dem FTE und dem Diskontierungszinssatz.

---

[68] Vgl. Copeland et al. (2002), S. 188 f.; Modigliani/Miller (1963), S. 433 ff.
[69] Vgl. Matschke/Brösel (2013), S. 721.

Da der Wert des Eigenkapitals direkt ermittelt wird, erfolgt auch nur die Berücksichtigung der Renditeforderung der Eigenkapitalgeber r_s^f.[70] Die Ermittlung der Größe r_s^f kann analog zur Ermittlung der Eigenkapitalkosten im FCF-Verfahren erfolgen.[71] Wie beim TCF-Verfahren werden Steuereffekte direkt im Zähler berücksichtigt.[72] Ferner kann es auch beim Nettoverfahren zu einem Zirkularitätsproblem kommen.[73]

3.1.4 Fazit

Im Rahmen der kritischen Würdigung wird in einem ersten Schritt ein grundsätzlicher Vergleich der DCF-Verfahren untereinander vorgenommen. Den zweiten Schritt stellt eine Würdigung der jeweiligen Verfahren im Hinblick auf ihre spezielle Eignung zur Bewertung junger Unternehmen dar. Hierbei ist zu klären, ob eines der Verfahren grundsätzlich geeigneter ist als andere Verfahren, oder ob eine situationsspezifische Auswahl des passenden Verfahrens sinnvoller ist. Abschließend werden in einem dritten Schritt grundsätzliche Probleme aller DCF-Verfahren bei der Bewertung junger Unternehmen untersucht.

Werden die Verfahren untereinander verglichen, so weist das FCF-Verfahren in der Praxis häufig Mängel auf, da der WACC meist periodenunabhängig festgelegt wird. Dies führt dazu, dass für eine theoretisch korrekte Anwendung des Verfahrens die Kapitalstruktur (in Marktwerten gemessen) konstant sein muss, was zur Folge hat, dass Investitionen

---

[70] Vgl. Matschke/Brösel (2013), S. 725.; Abbildung 4.

[71] Vgl. Schacht/Fackler (2009), S. 227.

[72] Vgl. auch Abbildung 4.

[73] Vgl. hierzu auch die Ausführungen zum FCF-Verfahren. Im Rahmen des Nettoansatzes bestehen jedoch erheblichere Schwierigkeiten, das Problem zu lösen (vgl. Matschke/Brösel (2013), S. 725 f.).

grundsätzlich proportional zum Unternehmenswert finanziert werden müssten – eine in der Literatur als unrealistisch betrachtete Bedingung.[74] Sowohl das FCF- als auch das TCF-Verfahren berücksichtigen die aus der Fremdfinanzierung entstehenden Steuervorteile. Das TCF-Verfahren wird hierbei in der Literatur aber als inkonsequentes Verfahren bezeichnet. Grund ist, dass Cashflows vor Berücksichtigung der Finanzierungseffekte verwendet werden, gleichzeitig jedoch der aus der Verschuldung resultierende Steuervorteil berücksichtigt wird.[75] Da sich der erstgenannte Mangel des FCF-Verfahrens nur auf die praktische Anwendung, nicht auf die theoretische Grundstruktur des Modells bezieht – wie es beim TCF-Verfahren der Fall ist –, erscheint die Verwendung des FCF-Verfahrens in einem paarweisen Vergleich der Verfahren zunächst zielführender. Bezogen auf das TCF-Verfahren wird teilweise konstatiert, dass dieses in der Praxis keine wesentliche Relevanz besitzt.[76] Diese Aussage scheint sich jedoch eher auf den internationalen Gebrauch des Verfahrens zu beziehen. So ermöglicht der Ansatz aufgrund der Berücksichtigung von Steuereffekten im Cashflow eine leichtere Berücksichtigung der Besonderheiten des deutschen Steuerrechts. In Deutschland wird dem TCF-Verfahren daher durchaus eine Bedeutung beigemessen.[77] Das APV-Verfahren schafft durch seine zweigeteilte Wertermittlung im Vergleich zum FCF- und TCF-Verfahren mehr Transparenz. Durch die differenzierte Darstellung der

---

[74] Vgl. Ballwieser/Hachmeister (2013), S. 175; Kapitel 6 wird jedoch zeigen, dass auch die Verwendung eines periodenabhängigen WACC problemlos möglich ist.

[75] Vgl. Ballwieser/Hachmeister (2013), S. 194; Abbildung 4.

[76] Vgl. Ballwieser/Hachmeister (2013), S. 195.

[77] Vgl. Vgl. Schacht/Fackler (2009), S. 224; Zur Berücksichtigung von Steuern im Rahmen der Unternehmensbewertung siehe ausführlich beispielsweise Löffler (2009), S. 385 ff.

wertbeeinflussenden Effekte wird erkennbar, ob der Unternehmenswert aus der Finanzierungsstruktur des Unternehmens oder aus der operativen Tätigkeit stammt.[78] Im Gegensatz zu den anderen Bruttoverfahren sind im APV-Verfahren die Eigenkapitalkosten nur fiktiv ermittelbar, da das Unternehmen als theoretisch unverschuldet betrachtet wird. Somit müssen diese aus den empirisch zu erhebenden Kosten des verschuldeten Unternehmens abgeleitet werden. Dies ist problematisch, da die Reaktion der Kapitalkosten auf eine Veränderung des Verschuldungsgrades allgemein nicht bekannt ist.[79]

Werden die drei Bruttoverfahren mit dem Nettoverfahren verglichen, so erscheint einerseits das Nettoverfahren aufgrund der direkten Ermittlung des Eigenkapitalwertes einfacher in der Handhabung.[80] Andererseits bietet die reine Betrachtung der Eigenkapital-Cashflows weniger Informationen über mögliche Quellen von Wertsteigerungen.[81]

Zusammenfassend lässt sich bis hierhin feststellen, dass bei einem reinen Vergleich der Verfahren untereinander kein Verfahren einem anderen eindeutig überlegen scheint. Hierfür spricht auch, dass alle Verfahren bei Verwendung identischer Bewertungsparameter und konsistenter Anwendung in der Theorie zu gleichen Ergebnissen führen.[82]

Im zweiten Schritt werden die jeweiligen DCF-Verfahren auf ihre Eignung zur Bewertung junger Unternehmen hin untersucht. Bei jungen Unternehmen können diverse steuerliche Besonderheiten, zum Beispiel aufgrund

---

[78] Vgl. Schacht/Fackler (2009), S. 225.

[79] Vgl. Schwall (2001), S. 132.

[80] Vgl. auch Schacht/Fackler (2009), S. 227.

[81] Vgl. Copeland et al. (2002), S. 194.

[82] Vgl. Schacht/Fackler (2009), S. 228.

negativer Betriebsergebnisse, auftreten.[83] Aufgrund der einfacheren Erfassung der steuerlichen Effekte erscheinen hier das TCF- und das FTE-Verfahren zunächst als in der Praxis geeigneter.[84] Aufgrund des in Kapitel 2.1 beschriebenen starken Wachstums und des hohen Kapitalbedarfs der hier betrachteten jungen Unternehmen, ist von einer sich verändernden Kapitalstruktur des Bewertungsobjektes im Zeitablauf auszugehen. Dies hat zur Folge, dass grundsätzlich eine periodenindividuelle Ermittlung der Kapitalstruktur erfolgen sollte.[85] Da beim FCF- und beim TCF-Ansatz sowohl der periodenindividuelle Marktwert des Eigenkapitals als auch der Marktwert des Fremdkapitals zur Bestimmung der Kapitalkosten ermittelt werden müssen, ist die Anwendung der beiden Verfahren unter dieser Prämisse aufwändiger.[86] Zusammenfassend empfiehlt Hayn – insbesondere aufgrund der einfacheren Berücksichtigung von Änderungen in der Kapitalstruktur – die Verwendung des Nettoverfahrens zur Bewertung junger Unternehmen, während beispielsweise Damodaran die Nettoverfahren in Bezug auf Veränderungen der Kapitalstruktur eher im Nachteil sieht.[87] Schwall spricht sich für das APV-Verfahren oder eine situationsgebundene Auswahl eines passenden Verfahrens aus.[88] Der Literatur folgend ist somit auch hier keine eindeutige Festlegung auf eines der Verfahren möglich.

---

[83]   Vgl. hierzu ausführlich Hayn (1998), S. 189 ff.
[84]   Vgl. Hayn (1998), S. 195 f.
[85]   Vgl. Hayn (1998), S. 204.
[86]   Vgl. Hayn (1998), S. 204 f.
[87]   Vgl. Hayn (1998), S. 209; Damodaran (2012), S. 396.
[88]   Vgl. Schwall (2001), S. 160.

Eine situationsspezifische Auswahl erscheint sinnvoll. Im weiteren Verlauf wird die Anwendung des FCF-Verfahrens unterstellt.[89]

Bis hierhin wurde gedanklich unterstellt, dass sich die DCF-Verfahren grundsätzlich für die Bewertung junger Unternehmen eignen. Doch ist im Rahmen der kritischen Würdigung auch der Blick auf eine übergeordnete Perspektive zu lenken. Hierbei ist zu untersuchen, welche grundlegenden Probleme bei der Bewertung junger Unternehmen mit den DCF-Verfahren entstehen können. Grundsätzlich gelten DCF-Verfahren in der Wissenschaft als geeignete Verfahren zur Unternehmensbewertung. Diese erfordern jedoch eine umfassende Finanzplanung. Aufgrund des geringen Unternehmensalters ist die Datenlage bei der Bewertung junger Unternehmen hierfür jedoch in der Regel mangelhaft.[90] Ferner berücksichtigen DCF-Verfahren keinerlei Flexibilität, wie zum Beispiel Handlungsspielräume des Managements. Es wird hierbei von einer starren Zukunftsbetrachtung gesprochen.[91] Auch die übliche Berücksichtigung des gesamten Risikos – welches gerade bei jungen Unternehmen außerordentlich hoch ist – mittels eines einzigen konstanten Diskontierungszinssatzes wird kritisiert.[92]

---

[89] Grund dafür ist, dass hier die Ermittlung der Cashflows und anschließende Rechenschritte in wenigeren Schritten erfolgen können, als bei Anwendung der anderen Verfahren (vgl. auch Abbildung 4).

[90] Vgl. Maehrle et al. (2005), S. 836; Zellmann et al. (2014), S. 36.

[91] Vgl. Maehrle et al. (2005), S. 835.

[92] Vgl. Kapitel 2.1.; Maehrle et al. (2005), S. 836; zu Schwierigkeiten bei der Berücksichtigung des tatsächlichen Risikos mittels des Diskontierungszinssatzes siehe auch Kapitel 4.2.1. Gleißner untersucht die verschiedenen Möglichkeiten zur Berücksichtigung des Risikos, unter anderem eine alternative Berücksichtigung des Risikos durch Abschläge vom Erwartungswert der

3.2 Weitere mögliche Bewertungsverfahren

3.2.1 Überblick

Aufgrund der in Kapitel 3.1.4 abschließend erläuterten Kritik an der grundsätzlichen Eignung der DCF-Verfahren zur Bewertung junger Unternehmen, werden im vorliegenden Kapitel mögliche andere Verfahren auf ihre Eignung hin bewertet und in Kapitel 3.3 dem DCF-Verfahren vergleichend gegenübergestellt. Bereits zu Beginn des Kapitels 3 wurden zwei von vier Gruppen der Unternehmensbewertungsverfahren von der weiteren Betrachtung ausgeschlossen. Dies waren die traditionellen Verfahren und die Ertragswertverfahren.[93] Im Folgenden werden die Multiplikatormethode, die Venture Capital-Methode sowie der Realoptionenansatz als Beispiele der alternativen Verfahren untersucht.

3.2.2 Multiplikatormethode

Die Multiplikatormethode leitet den Wert eines Unternehmens aus bekannten Werten vergleichbarer Unternehmen her. Hierbei lassen sich zwei Methoden unterscheiden. Erstens kann eine Bewertung anhand börsennotierter, vergleichbarer Unternehmen erfolgen (Trading Comparables). Zweitens kann die Bewertung anhand vergleichbarer Unternehmen erfolgen, die selber im Rahmen einer Fusion oder Akquisition bewertet worden sind (Transaction Comparables).[94] Die Multiplikatormethode lässt sich idealerweise in drei Schritte gliedern:[95]

1. Auswahl des Vergleichsunternehmens
2. Bildung des Multiplikators

---

finanziellen Überschüsse (vgl. Gleißner (2014), S. 165 ff.). Siehe ergänzend Institut der Wirtschaftsprüfer (2008), Tz. 88 ff./ S. 18 f.

[93] Vgl. Abbildung 3.

[94] Vgl. Bausch (2000), S. 450.

[95] Vgl. Coenenberg/Schultze (2002a), S. 698.

3. Unternehmenswertermittlung

Ist ein Vergleichsunternehmen gefunden, wird zunächst ein Multiplikator errechnet. Hierzu ist die Festlegung einer Bezugsgröße des vergleichbaren Unternehmens, BG_R, erforderlich. Diese kann beispielsweise Umsatz[96] oder EBIT sein. Anschließend wird der Unternehmenswert des Vergleichsunternehmens UW_R^M anhand der Trading oder Transaction Comparables ermittelt, durch die Bezugsgröße dividiert und stellt den Multiplikator M dar:

$$\frac{UW_R^M}{BG_R} = M. \tag{6}$$

Nach Berechnung des Multiplikators wird dieser mit der Bezugsgröße des zu bewertenden Unternehmens BG_Z multipliziert, um den gesuchten Unternehmenswert UW_Z^M zu errechnen:

$$M \cdot BG_Z = UW_Z^M. \tag{7}$$ [97]

Der Multiplikatormethode werden diverse grundsätzliche Vorteile zugeschrieben. So gelten die Methode an sich sowie die Bewertungsergebnisse als leicht kommunizierbar. Die Anwendung ist wenig komplex, einfach und schnell.[98] Dennoch findet sich in der Theorie eine große Menge Kritik, insbesondere wenn die Multiplikatormethode als eigenständiges Verfahren zur Unternehmensbewertung verwendet werden soll. So setzt die Multiplikatormethode eine vollständige Identität aller Parameter des zu bewertenden Unternehmens und des Vergleichsunternehmens voraus. Ist dies nicht

---

[96] Bei der Bewertung junger Unternehmen ist häufig der Umsatz als Bezugsgröße zu empfehlen, da dieser im Vergleich zur Größe EBIT nicht negativ sein kann (vgl. Maehrle et al. (2005), S. 838).

[97] Vgl. Bausch (2000), S. 450 f.

[98] Vgl. Maehrle et al. (2005), S. 837 f.

der Fall, kann versucht werden die Multiplikatoren anzupassen, was wiederum zu hoher Komplexität führt.[99] Ferner können Ineffizienzen am Kapitalmarkt zu falschen Bewertungen der Vergleichsunternehmen führen.[100] Insbesondere bei der Bewertung junger Unternehmen mit hoher Innovationsfähigkeit sind häufig keine Vergleichsobjekte zu finden.[101] Bei volatiler Ertragslage sind Preisermittlungen mit der Multiplikatormethode außerdem nicht zuverlässig. Auch erlaubt diese keine Einsicht in die preisbestimmenden Werttreiber.[102] Sie eignet sich daher nur bedingt für die Bewertung junger Unternehmen. Sofern aufgrund dieser Schwierigkeiten überhaupt anwendbar, ist der ermittelte Wert eher als Approximation zu verstehen.[103]

Dieser spiegelt hierbei die aktuelle Marktstimmung wider.[104] Für Investoren, die eine Beteiligung aus rein finanzwirtschaftlichem Interesse und ohne jegliches Ziel der Einflussnahme erwerben, kann der mit der Multiplikatormethode ermittelte Wert daher durchaus eine Rolle spielen.[105] Insgesamt wird die Anwendung der Methode nur in Verbindung mit anderen Verfahren und zur Plausibilisierung eines mit einem anderen Verfahren

---

[99] Vgl. Coenenberg/Schultze (2002a), S. 702 f.

[100] Vgl. Peemöller et al. (2002), S. 209.

[101] Vgl. Maehrle et al. (2005), S. 838; Kapitel 2.1.

[102] Vgl. McKinsey & Company et al. (2010), S. 741.

[103] Vgl. Bausch (2000), S. 452.

[104] Vgl. Coenenberg/Schultze (2002a), S. 699.

[105] Vgl. Bausch (2000), S. 452.

ermittelten Wertes empfohlen.[106] Den Zukunftserfolgs- und damit den DCF-Verfahren wird hier der Vorrang eingeräumt.[107]

3.2.3 Venture Capital-Methode

Die Venture Capital-Methode (VC-Methode) stellt eine Verbindung von DCF-Verfahren und Multiplikatormethode dar. Hierbei erfolgt die Bestimmung des zukünftigen Exitwertes, der anschließend auf den Bewertungszeitpunkt diskontiert wird.[108] Die Vorgehensweise zur Wertermittlung lässt sich in mindestens zwei Schritte unterteilen. Im ersten Schritt wird der künftige Exitwert bei Verkauf der Beteiligung oder Börsengang prognostiziert. Hierzu wird ein einziges Szenario unterstellt. Der prognostizierte Exitwert wird daraufhin unter Verwendung von Vergleichswerten oder (selten) mittels der DCF-Methode ermittelt. Die Vergleichswerte werden aus vergleichbaren Transaktionen gewonnen. Hierzu werden Unternehmenswert und beispielsweise Gewinn des Vergleichsunternehmens in einer Kennzahl, der Price Earnings Ratio $r_{P/E}$[109], zusammengefasst. Diese wird anschließend mit dem prognostizierten Gewinn des zu bewertenden

---

[106] Vgl. Maehrle et al. (2005), S. 839; Coenenberg/Schultze (2002a), S. 702 f.; Peemöller et al. (2002), S. 209; Rzepka et al. (2016), S. 319.

[107] Vgl. Coenenberg/Schultze (2002a), S. 702 f.; Drukarczyk/Schüler (2009), S. 465 f. Eine von Kaplan/Ruback durchgeführte Studie zeigt, dass DCF-Verfahren den tatsächlichen Marktwert besser abschätzen als die Multiplikatormethode. Sie empfehlen daher ebenfalls die lediglich ergänzende Nutzung der Methode (vgl. Kaplan/Ruback (1995), S. 1059 ff.).

[108] Vgl. Maehrle et al. (2005), S. 834.

[109] Die $r_{P/E}$ stellt somit einen Multiplikator dar (vgl. Kapitel 3.2.2; Achleitner/Nathusius (2003), S. 15).

Unternehmens im Jahr des geplanten Exits E_t multipliziert und ergibt so den zukünftigen Unternehmenswert UW_t, wie in (8) zu sehen ist.[110]

$$UW_t = E_t \cdot r_{P/E} \tag{8}$$

In einem zweiten Schritt wird der zukünftige Unternehmenswert mittels der Renditeerwartung des Bewertenden r_T auf den Bewertungszeitpunkt $t = 0$ abgezinst. n bezeichnet die Anzahl der Jahre bis zum Exit, so dass

$$UW_0 = \frac{UW_t}{(1 + r_T)^n} \tag{9}$$

gilt.[111] Diese beiden Schritte können um zwei weitere Schritte ergänzt werden. Als dritter Schritt kann zunächst der zukünftige Beteiligungsanteil bestimmt werden, den der bewertende Investor besitzen muss, um seine Renditeerwartung erfüllen zu können. In einem vierten Schritt wird dann der hierzu erforderliche gegenwärtige Beteiligungsanteil bestimmt.[112]

Die VC-Methode wird von Venture Capital-Gesellschaften häufig angewendet, insbesondere bei der Bewertung von Unternehmen in der Frühphase.[113] Somit kann von einschlägigen Erfahrungswerten bei Anwendung des Verfahrens durch die Bewertenden ausgegangen werden. Dennoch finden sich diverse Kritikpunkte, die einer alleinigen Verwendung der VC-Methode zur Bewertung junger Unternehmen entgegenstehen. So fehlt der VC-Methode eine wissenschaftliche Fundierung.[114] Da das Verfahren auf Multiplikatoren zurückgreift, können ferner viele Kritikpunkte an der Multiplikator-Methode auch auf die VC-Methode

---

[110] Vgl. Achleitner (2001), S. 927 f.

[111] Vgl. Damodaran (2012), S. 647.

[112] Für eine ausführliche Darstellung der Schritte 3 und 4 siehe Achleitner (2001), S. 928 f.

[113] Vgl. Abbildung 2; Achleitner et al. (2004), S. 702; S. 708.

[114] Vgl. Maehrle et al. (2005), S. 834.

übertragen werden.[115] Insbesondere die Nutzung heutiger Werte von Vergleichsunternehmen für die Ermittlung eines zukünftigen Unternehmenswertes kann zu Problemen führen.[116] Kritisch erscheint außerdem die regelmäßige Verwendung eines einzelnen Szenarios.[117] Jegliches Risiko wird demzufolge nur über die Renditeerwartung als Diskontierungsfaktor berücksichtigt. Eine Alternative zur VC-Methode kann die First-Chicago-Methode bieten, die neben Zahlungen an den Halter der Beteiligung während der Beteiligungsphase auch drei unterschiedliche Szenarien (Best, Worst und Base Case-Szenario) berücksichtigt. Dementgegen steht aber eine deutlich aufwändigere Vorgehensweise.[118]

Wie die Multiplikatormethode eignet sich die VC-Methode dann, wenn die Ermittlung des Marktwertes relevanter als die Ermittlung des Fundamentalwertes ist.[119] Die VC-Methode kann jedoch niemals eigenständig angewendet werden, sondern baut grundsätzlich auf dem DCF-Verfahren oder

---

[115] Vgl. Kapitel 3.2.2.

[116] Vgl. Damodaran (2012), S. 647, der dieses Problem anhand der Bewertung von Internetfirmen im Jahr 2000 verdeutlicht. Deren zukünftige Werte wurden häufig anhand der zu diesem Zeitpunkt bestehenden Bewertungen von Vergleichsunternehmen ermittelt, die häufig einen Unternehmenswert in Höhe des 80-fachen Umsatzes auswiesen. Wie sich später herausstellte, waren diese Bewertungen deutlich zu hoch.

[117] Vgl. Achleitner (2001), S. 928; Kapitel 5.2.1.

[118] Vgl. zu den Details Kapitel 5.2.1. Vgl. zur First-Chicago-Methode ausführlich Achleitner/Nathusius (2005), S. 333 ff.

[119] Vgl. Maehrle et al. (2005), S. 839.

der Multiplikatormethode auf.[120] Aus diesen Gründen erscheint auch die VC-Methode eher als ergänzendes Verfahren geeignet.[121]

3.2.4 Realoptionenansatz

Regelmäßiger Kritikpunkt am DCF-Verfahren ist die fehlende Berücksichtigung von Handlungsspielräumen.[122] Diese bilden neben dem Barwert künftiger Cashflows eine zweite Komponente des gesamten Unternehmenswertes.[123] Berücksichtigt werden können Handlungsspielräume durch die Verwendung und Bewertung von Realoptionen.[124] Die Realoption ist ein Recht, eine bestimmte Handlung zu einem bestimmten Zeitpunkt zu bestimmten Kosten durchzuführen.[125] Hiermit ähnelt sie einer Finanzoption, die ihrem Halter – im Falle einer Call-Option[126] – das Recht gibt, den Basiswert zu einem bestimmten Zeitpunkt zu einem bestimmten Preis zu kaufen.[127] Beispiele für Realoptionen sind Wachstums- und Erweiterungsoptionen, Abbruch- und Verkleinerungsoptionen, Aufschub- und Wechseloptionen.[128]

Zur Bewertung von Realoptionen existieren unterschiedliche Ansätze. So kann zum einen auf das Optionspreismodell von Black und Scholes

---

[120] Vgl. Achleitner (2001), S. 928, Fußnote 4.

[121] Vgl. auch beispielsweise Maehrle et al. (2005), S. 839; Achleitner/Nathusius (2003), S. 17.

[122] Vgl. Trigeorgis (1995), S. 1; McKinsey & Company et al. (2010), S. 710; Maehrle et al. (2005), S. 835.

[123] Vgl. Adams/Rudolf (2009), S. 361.

[124] Vgl. Trigeorgis (1995), S. 1 ff. Die Grundlagen der Realoptionstheorie sind bereits 1977 bei Myers zu finden (vgl. Myers (1977), S. 147 ff.).

[125] Vgl. Adams/Rudolf (2009), S. 365.

[126] Vgl. hierzu ausführlich Hull (2009), S. 29 ff.

[127] Vgl. Hull (2009), S. 29.

[128] Vgl. Adams/Rudolf (2009), S. 367.

zurückgegriffen werden. Black/ Scholes formulieren für ihr Modell diverse Annahmen, unter anderem, dass der Basiswert an einem Markt gehandelt werden muss. Da der Basiswert bei einer Realoption – beispielsweise die Möglichkeit, ein unrentables Projekt abzubrechen – an keinem Markt gehandelt werden kann, existiert kein Marktpreis. Die Optionspreistheorie kann daher nicht ohne weiteres angewendet werden. [129] Als Alternative kann das sogenannte Binomialmodell[130] verwendet werden, das die unterschiedlichen Handlungsmöglichkeiten in Form von Szenarien darstellt. Der Vorteil des Binomialmodells liegt insbesondere in der intuitiven Nachvollziehbarkeit.[131] Trotzdem bestehen diverse Probleme bei der Übertragung der Finanzoptionspreistheorien auf Realoptionen. So können beispielsweise mehrstufige Investitionsprojekte oder Wettbewerbseffekte nicht ausreichend berücksichtigt werden. [132] Eine Lösung bietet das Schwartz/Moon-Realoptionsmodell.[133] In diesem werden junge Unternehmen bewertet, indem zunächst Umsätze, Wachstumsrate, variable Kosten und damit der aggregierte Cashflow als stochastische Prozesse modelliert werden. [134] Der aggregierte Cashflow führt zu einem erwarteten

---

[129] Vgl. Black/Scholes (1973), S. 637 ff.; Adams/Rudolf (2009), S. 361, S. 368.

[130] Das Modell wurde von Cox/Ross/Rubinstein entwickelt (vgl. Cox et al. (1979), S. 229 ff.).

[131] Vgl. Adams/Rudolf (2009), S. 361 f.; S. 368 ff.; für eine ausführliche Darstellung des Binomialbaummodells siehe beispielsweise Schwall (2001), S. 206 ff.

[132] Vgl. Ehrhardt/Merlaud (2004), S. 778.

[133] Vgl. ausführlich Schwartz/Moon (2000), S. 62 ff.; Meyer (2006), S. 73 ff.

[134] In seiner hier beschriebenen Standardversion ähnelt der Realoptionenansatz dem zur Prognose künftiger Cashflows in Kapitel 5.2.2 beschriebenen Ansatz zur Simulation stochastischer Prozesse.

Kassenbestand am Ende des Planungszeitraums (Endwert). Dieser wird auf den Bewertungszeitpunkt diskontiert und ergibt so den Unternehmenswert. Der Vorteil dieses Modells ist, dass auch negative Cashflows und stark schwankende Wachstumsraten – wie es bei jungen Unternehmen oft der Fall ist – modelliert werden können.[135] Ergänzt werden kann das Schwartz/Moon-Modell um Sprungprozesse, um plötzliche Veränderungen in Werttreibern und Umsatzerlösen zu simulieren. So kann dieses dann zutreffendere Unternehmenswerte als das Standardmodell liefern.[136] Zusammenfassend kann der Realoptionenansatz als Erweiterung des DCF-Verfahrens um Flexibilität betrachtet werden.[137] Die oft herausgestellte Schwäche des DCF-Verfahrens bei der Bewertung junger Unternehmen – die Prognose künftiger Cashflows bei mangelhafter Datenbasis – kann jedoch auch durch den Realoptionenansatz nicht behoben werden. So müssen auch zur Bewertung von Realoptionen Ergebniswachstum und -volatilität sowie die Gewinnmargenentwicklung geschätzt werden.[138] Ferner reagiert das Realoptionsmodell sehr sensibel auf getroffene Annahmen und Änderungen der Parameterwerte.[139] In Anbetracht der kurzen Historie junger Unternehmen wird daher bezweifelt, dass fundierte Parameterwerte gefunden werden können, die eine Fehlbewertung ausschließen würden.[140] Problematisch für die Praxis erscheinen außerdem die hohe Komplexität und die aufwändigen Schätzungen zu sein.[141] Daher ist es nicht

---

[135] Vgl. Ehrhardt/Merlaud (2004), S. 779.

[136] Vgl. Ehrhardt/Merlaud (2004), S. 782 ff.

[137] Vgl. Maehrle et al. (2005), S. 836.

[138] Vgl. McKinsey & Company et al. (2010), S. 741.

[139] Vgl. Adams/Rudolf (2009), S. 381.

[140] Vgl. Müller (2003), S. 85.

[141] Vgl. Müller (2003), S. 85; Maehrle et al. (2005), S. 836; Achleitner et al. (2004), S. 702.

verwunderlich, dass der Realoptionenansatz in der Praxis wenig Relevanz besitzt.[142] Dennoch wird von Dapena gerade für die Bewertung junger Unternehmen die Verwendung von Realoptionen als Ergänzung zum DCF-Verfahren empfohlen.[143] Auch die grundsätzliche Idee, die Werttreiber eines Unternehmens als stochastische Prozesse zu modellieren, kann begrüßt werden und wird in Kapitel 5.2.2 noch einmal aufgegriffen.[144]

3.3 Präferiertes Verfahren zur Bewertung junger Unternehmen

In den vorherigen Kapiteln wurden insgesamt vier verschiedene Verfahren zur Bewertung junger Unternehmen vorgestellt, die grundsätzlich für eine Anwendung in Frage kommen. Die Vor- und Nachteile jedes Verfahrens wurden hierbei kritisch gewürdigt. Abschließend ist nun ein Zwischenfazit zu ziehen, welches Verfahren als das geeignetste zur Bewertung junger Unternehmen bezeichnet werden kann.

Eine 2004 durchgeführte Studie zur Unternehmensbewertung durch Venture Capital-Gesellschaften in der Praxis zeigt, dass in der Frühphase der Unternehmensentwicklung häufig die VC-Methode verwendet wird. Das DCF-Verfahren hingegen wird eher vereinzelt angewendet. Befindet sich das Unternehmen im fortschreitenden Wachstum, wird häufig dem DCF-Verfahren der Vorrang eingeräumt. Als Grund hierfür wird die kontinuierliche Verbesserung der Datenlage genannt. Während die Multiplikatormethode, über alle Phasen eines jungen Unternehmens hinweg betrachtet, zwar weniger Bedeutung als die VC-Methode und das DCF-Verfahren

---

[142] So nutzten diesen 2004 nur 7-8% der in einer Studie befragten Venture Capital-Unternehmen (vgl. Achleitner et al. (2004), S. 702).

[143] Vgl. Dapena (2003), S. 68 f.

[144] Vgl. Müller (2003), S. 85.

besitzt, so kommt ihr doch immerhin eine größere Bedeutung als dem Realoptionenansatz zu, der in der Praxis so gut wie keine Rolle spielt.[145]

Wie in den Kapiteln 3.2.2 bis 3.2.4 gezeigt, spricht sich die Theorie hingegen meist für eine Kombination verschiedener Verfahren aus und sieht
viele der Verfahren als Ergänzungs- und Plausibilisierungsmöglichkeiten
des DCF-Verfahrens. So empfiehlt das IDW Multiplikatormethoden
grundsätzlich nur zur Plausibilitätskontrolle ermittelter Unternehmenswerte.[146] Häufig wird das DCF-Verfahren als einziges sinnvolles Verfahren bezeichnet.[147] Grund hierfür ist neben der hohen Verbreitung in Theorie und Praxis auch die empirisch belegte Treffsicherheit des DCF-Verfahrens bei der Schätzung von Unternehmenswerten.[148]

Doch warum ist in der Praxis häufig die oben beschriebene Verwendung
marktorientierter Verfahren – insbesondere der VC-Methode – festzustel-
len? Als meist einziges nachhaltiges Argument gegen die Verwendung des
DCF-Verfahrens und für die alternative Anwendung eines marktorientier-
ten Verfahrens in frühen Unternehmensphasen, wird regelmäßig die
schwierige Prognose der zukünftigen Entwicklung genannt.[149] Doch dieses

---

[145] Vgl. Achleitner et al. (2004), S. 702; Rzepka et al. (2016), S. 312.

[146] Vgl. Institut der Wirtschaftsprüfer in Deutschland e.V. (Hrsg.) (2014), Tz. A
206/ S. 63.

[147] Vgl. beispielsweise McKinsey & Company et al. (2010), S. 741;
Coenenberg/Schultze (2002a), S. 702.

[148] Vgl. Kaplan/Ruback (1995), S. 1091 f.

[149] Vgl. beispielsweise Maehrle et al. (2005), S. 836; Achleitner (2001), S. 927.
Die anderen beiden in Kapitel 3.1.4 aufgeführten Kritikpunkte an der grundsätzlichen Eignung des DCF-Verfahrens waren die fehlende Berücksichtigung
von Handlungsspielräumen und die ausschließliche Berücksichtigung des Risikos im konstanten Diskontierungszinssatz. Handlungsspielräume können
durch die ergänzende Verwendung des Realoptionenansatzes oder im Rahmen

Problem ist lösbar, wie Kapitel 5 zeigen wird und wie auch teilweise in der Literatur konstatiert wird.[150] Daher wird das DCF-Verfahren hier als das geeignetste Verfahren zur Bewertung junger Unternehmen betrachtet. Welches der einzelnen DCF-Verfahren wiederum das geeignetste der Gruppe ist, kann nur situationsabhängig beurteilt und beantwortet werden. Nach wie vor wird hier von einer Anwendung des FCF-Verfahrens ausgegangen.[151]

---

der Szenariotechnik (vgl. Kapitel 3.2.4 und 5.2.1) in die Bewertung einfließen. Risiken können auch im Rahmen der Prognose künftiger Cashflows berücksichtigt werden (vgl. Kapitel 5). Ferner muss der Diskontierungszinssatz nicht grundsätzlich konstant sein, wie Kapitel 6 zeigen wird.

[150] Vgl. Copeland et al. (2002), S. 381.

[151] Vgl. zu dieser Diskussion Kapitel 3.1.4.

4 Besonderheiten bei der Bewertung junger Unternehmen mit dem DCF-Verfahren

4.1 Überblick

Im Folgenden werden die Besonderheiten analysiert, die bei der Bewertung junger Unternehmen mit dem DCF-Verfahren entstehen. Zunächst ist hierzu ein grundsätzlicher Überblick zu schaffen, bevor anschließend auf die bedeutsamsten Schwierigkeiten – die Bestimmung des Diskontierungszinssatzes in Kapitel 4.2.1 sowie die Prognose künftiger Cashflows in Kapitel 4.2.2 – detailliert eingegangen wird.

Ihre Grundlage finden die Besonderheiten in den Merkmalen junger Unternehmen. So fehlen aufgrund der kurzen wirtschaftlichen Existenz insbesondere ausreichend historische Daten.[152] Dies führt zum einen zu Schwierigkeiten bei der Einschätzung der Risikoparameter, die sich im Diskontierungszinssatz widerspiegeln, und zum anderen bei der Abschätzung der zukünftigen Unternehmensentwicklung.[153] Auch die hohe Innovationsfähigkeit und die dadurch folgende häufige Alleinstellung am Markt in der Frühphase des Unternehmens bedingt ein Fehlen von vergleichbaren Unternehmen zur Schätzung von Risikoparametern und Unternehmensentwicklung.[154] Die getroffene Annahme, dass die hier betrachteten jungen Unternehmen zum Bewertungszeitpunkt noch negative Cashflows erwirtschaften, resultiert ferner in Problemen bei der Schätzung von Wachstumsraten und bei der Berechnung von Steuereffekten.[155]

Viele der vorstehenden Besonderheiten und hieraus entstehenden Probleme wirken sich auf zwei Variablen in der Ermittlung des

---

[152] Vgl. Kapitel 2.1.

[153] Vgl. Damodaran (1999), S. 10.

[154] Vgl. Kapitel 2.1; Damodaran (1999), S. 11.

[155] Vgl. Kapitel 2.2.; Damodaran (1999), S. 8 f.

© Springer Fachmedien Wiesbaden GmbH, ein Teil von Springer Nature 2018
M. Smeets, *Besonderheiten bei der Bewertung junger Unternehmen*,
https://doi.org/10.1007/978-3-658-22880-4_4

Unternehmenswertes aus, nämlich den Diskontierungszinssatz und die hiermit diskontierten Cashflows. Bei näherer Betrachtung der Gleichung (1)[156], welche in (10) noch einmal mit Schwerpunktsetzung dargestellt ist, wird dies deutlich.

$$UW^{FCF} = EK^{FCF}$$

$$= \sum_{t=1}^{\tau} \frac{FCF_t}{\left(1 + k_s^f\right)^t} + \frac{FCF_{\tau+1}}{k_s^f \cdot \left(1 + k_s^f\right)^{\tau}} \tag{10}$$

$$- FK.$$

Die kritischen Größen sind der FCF sowie der Diskontierungszinssatz k_s^f. Die erschwerte Bestimmung dieser beiden Größen wurde auch in Kapitel 3.1.4 als Hauptschwierigkeit und damit Hauptkritikpunkt bei der Anwendung des DCF-Verfahrens zur Bewertung junger Unternehmen identifiziert, weshalb sich die folgenden Kapitel ausführlich hiermit beschäftigen.

4.2 Ausgewählte Besonderheiten

4.2.1 Bestimmung des Diskontierungszinssatzes

Im Folgenden wird zunächst die grundsätzliche Verfahrensweise zur Bestimmung des Diskontierungszinssatzes erläutert. Die Ermittlung der Fremdkapitalkosten erscheint eher unkritisch und bedarf keiner ausführlichen Diskussion. Im Gegensatz dazu wird die Ermittlung der Eigenkapitalkosten in der Literatur teils heftig diskutiert.[157] Sie bietet im Gegensatz zur Fremdkapitalkostenermittlung Ansatzpunkte für Kritik und muss – insbesondere in Bezug auf die Besonderheiten junger Unternehmen –

---

[156] Die Gleichung des FCF-Verfahrens wird hier stellvertretend für die Gruppe der DCF-Verfahren verwendet.

[157] Vgl. beispielsweise Gleißner (2014), S. 151 ff., Thurow (2012), S. 11 ff., oder Walkshäusel (2012), S. 81 ff.

tiefergehend untersucht werden. Bei der Ermittlung der Eigenkapitalkosten im Rahmen der DCF-Verfahren besitzt das CAPM in der Praxis herausragende Bedeutung, weshalb es hier detailliert beschrieben, aber auch kritisch analysiert wird.[158] Anschließend werden die Besonderheiten bei der Bestimmung des Diskontierungszinssatzes bei jungen Unternehmen aufgezeigt und Lösungsansätze erläutert.

Die Verwendung des Diskontierungszinssatzes dient der Bestimmung der Kapitalkosten. Hierbei wird ermittelt, welche Rendite eine alternative Investition – die Kapitalanlage zum risikolosen Zinssatz – erzielen würde. Mittels einer Risikoprämie, die zum risikolosen Zinssatz hinzuaddiert wird, erfolgt ein Vergleich zwischen der Investition (dem zu bewertenden Unternehmen) und der sicheren Investitionsalternative. Die Ermittlung dieser Risikoprämie ist zunächst von Subjektivität geprägt, welche jedoch durch die Verwendung kapitalmarkttheoretischer Modelle umgangen werden kann.[159] In Kapitel 3.1.2 wurde mit Gleichung (2) bereits der Ansatz zur Ermittlung der Gesamtkapitalkosten dargestellt. Zur Ermittlung der dort in i beschriebenen Fremdkapitalkosten können verschiedene Methoden verwendet werden. So kann der vom Unternehmen am Kapitalmarkt zu zahlende Zins mittels des risikolosen Zinssatzes zuzüglich einer individuellen Risikoprämie ermittelt werden. Ist das Unternehmen Emittent von Anleihen, können die Informationen direkt am Kapitalmarkt abgelesen werden. Sofern das Unternehmen ein Rating besitzt, können zu zahlende Zinssätze von Unternehmen ähnlicher Bonität verwendet werden.

---

[158] Vgl. Pankoke/Petersmeier (2009), S. 110.
[159] Vgl. Pankoke/Petersmeier (2009), S. 109.

Alternativ kann i als durchschnittlicher Fremdkapitalzinssatz aus dem Jahresabschluss des Unternehmens selber gewonnen werden.[160]

Zur Ermittlung der Eigenkapitalkosten r_s^f stellt das CAPM eines der am meisten verwendeten Modelle dar. Andere Verfahren, wie das Dividendenwachstumsmodell, besitzen in der Praxis eingeschränkte Relevanz und werden nicht weiter betrachtet.[161] Das CAPM wurde in den 1960er Jahren von Sharpe, Lintner und Mossin vorgestellt und basiert auf der modernen Portfolio-Theorie von Markowitz[162]. Die hierin getroffenen Annahmen sind homogene Erwartungen aller Marktteilnehmer, ein risikoscheues Verhalten der Investoren sowie die Möglichkeit der jederzeitigen Geldaufnahme oder -anlage zum risikolosen Zinssatz. Die Rendite einer Investition entspricht der Rendite der risikolosen Anlage zuzüglich einer Risikoprämie. Die Risikoprämie bepreist nur das systematische Risiko, welches als Marktrisiko nicht eliminierbar ist. Beispiele für das systematische Risiko sind Wirtschaftskrisen oder Kriege, die Auswirkungen auf alle Anlagen am Markt haben. Das unsystematische Risiko hängt vom einzelnen Investitionsobjekt ab und kann diversifiziert werden Es wird daher durch das CAPM nicht bepreist.[163] Die geforderte Eigenkapitelrendite r_s^f im CAPM ergibt sich als

$$r_s^f = i_{rf} + \left(r_m - i_{rf}\right) \cdot \beta.^{164} \qquad (11)$$

---

[160] Vgl. Schacht/Fackler (2009), S. 216.

[161] Vgl. Keiber (2009), S. 335 ff.; Pankoke/Petersmeier (2009), S. 110 f.

[162] Vgl. Sharpe (1964), S. 425 ff.; Lintner (1965), S. 13 ff.; Mossin (1966), S. 768 ff.; Markowitz (1952), S. 77 ff.

[163] Vgl. Pankoke/Petersmeier (2009), S. 111 ff.

[164] Vgl. Pankoke/Petersmeier (2009), S. 113.; Matschke/Brösel (2013), S. 702.

Sie errechnet sich aus dem risikolosen Zinssatz i_{rf} zuzüglich der Risikoprämie, die als Differenz zwischen erwarteter Marktrendite r_m und i_{rf}, multipliziert mit dem Beta-Faktor β, definiert ist.

Der Beta-Faktor justiert die Höhe des anlagenspezifischen, systematischen Risikos. Für die Bestimmung von r_s^f müssen somit der risikolose Zinssatz, die erwartete Marktrendite und der Betafaktor des zu bewertenden Objektes bekannt sein.[165] Für die Bestimmung des risikolosen Zinssatzes wird oft auf Staatsanleihen wirtschaftlich und politisch stabiler Länder zurückgegriffen, die allgemein als risikolos betrachtet werden. Die für die Ermittlung der Marktrisikoprämie erforderliche Marktrendite wird in der Praxis meist durch Verwendung von breit diversifizierten Aktienindizes, wie dem Deutschen Aktienindex, ermittelt. Die Marktrisikoprämie ist dann die Differenz zwischen historischen Aktienrenditen und historischen Renditen der sicheren Staatsanleihen.[166] Für den Beta-Faktor, als Kennzahl für das investitionsspezifische Risiko im Verhältnis zur Investition in das Marktportfolio, gilt allgemein

$$\beta = \frac{\sigma_{r,r_M}}{\sigma_{r_M}^2} \cdot {}^{167} \tag{12}$$

β lässt sich also aus der Kovarianz der erwarteten Rendite des zu bewertenden Unternehmens und der erwarteten Rendite des Marktportfolios σ_{r,r_M} und der Renditevarianz des Marktportfolios $\sigma_{r_M}^2$ ermitteln. Der Beta-Faktor eines Unternehmens hängt von drei Variablen ab. Dies sind erstens der Unternehmenssektor, zweitens das operative Risiko des

[165] Vgl. Pankoke/Petersmeier (2009), S. 113.

[166] Vgl. Pankoke/Petersmeier (2009), S. 114 ff.

[167] Vgl. Matschke/Brösel (2013), S. 702.

Unternehmens[168] sowie drittens das finanzielle Risiko, gemessen am Verschuldungsgrad. Ist ein Unternehmen börsennotiert, lässt sich der Beta-Faktor mittels linearer Regression historischer Aktienrenditen bezogen auf die Marktrendite ermitteln. Ist ein Unternehmen nicht börsennotiert, kann eine Ermittlung entweder anhand von Branchenbetas, anhand von Beta-Faktoren vergleichbarer Unternehmen, oder anhand von Accounting-Betas (Regression einer Erfolgsgröße, wie beispielsweise des Jahresüberschusses, auf die Gesamtmarktrendite) erfolgen.[169]

Bezüglich der Verwendung des CAPM zur Ermittlung der Eigenkapitalkosten im Rahmen einer Unternehmensbewertung besteht insbesondere in der jüngeren Literatur weitreichende Kritik.[170] Wenngleich in IDW-Standard 1 vorgeschlagen[171], zeigen aktuelle Studien, dass sich eine kapitalmarktorientierte Bewertung mittels des CAPM nicht rechtfertigen lässt. Grund hierfür sind diverse Kapitalmarktanomalien.[172] So weisen beispielsweise Unternehmen mit hohem Risiko teilweise niedrigere Renditen auf, als Unternehmen mit einem geringeren Risiko.[173] Auch mögliche Alternativmodelle für das CAPM, wie das Drei-Faktoren-[174] oder das Vier-Faktoren-Modell[175], stellen keine zufriedenstellenden Alternativen zum CAPM

---

[168] Hierunter fallen bspw. die Aufteilung von Kosten in fixe und variable Teile, die Verlässlichkeit von Zulieferern, der eigene Anteil an der Wertschöpfungskette, etc.

[169] Vgl. Pankoke/Petersmeier (2009), S. 120 ff.

[170] Vgl. Pankoke/Petersmeier (2009), S. 128.

[171] Vgl. Institut der Wirtschaftsprüfer (2008), Tz. 114 ff./ S. 23 ff.

[172] Vgl. Gleißner (2014), S. 151 ff.

[173] Vgl. Walkshäusel (2012), S. 81.

[174] Vgl. Fama/French (1993), S. 3 ff.

[175] Vgl. Carhart (1997), S. 57 ff.

dar.[176] Ferner ist die Ermittlung der risikofreien Rendite in jüngster Zeit zu hinterfragen. So führt insbesondere ein Anstieg der Kreditausfallwahrscheinlichkeiten ursprünglich als risikolos betrachteter Staaten zu einem Fehlen einer risikolosen Rendite am Markt. Es ist davon auszugehen, dass in der als risikolos betrachteten Rendite in Wahrheit Risiken eingepreist sind. Die Diskontierungszinssätze wären damit zu hoch, was allgemein zu niedrige Unternehmenswerte zur Folge hätte.[177] Adäquate Lösungsansätze für vorstehende Kritik sind bislang noch nicht zu finden.

Werden die Besonderheiten bei der Bestimmung des Diskontierungszinssatzes in Bezug auf junge Unternehmen betrachtet, so stehen hier erneut das junge Unternehmensalter und die damit verbundene begrenzte Verfügbarkeit historischer Daten im Mittelpunkt. So ist die Ermittlung des Beta-Faktors auf Basis der historischen Unternehmensentwicklung – wenn überhaupt – nur eingeschränkt möglich.[178] Die oben genannte alternative Verwendung von Branchen-Betas oder Beta-Faktoren vergleichbarer Unternehmen erscheint aufgrund der meist vorhandenen anfänglichen Alleinstellung junger Unternehmen aufgrund von Innovationen ebenfalls ungeeignet.[179]

Zusätzlich kritisch zu betrachten ist die Annahme des CAPM, dass der Investor keinerlei Einfluss auf das Unternehmen selbst besitzt. Dies ist im Falle der Investition in junge Unternehmen regelmäßig nicht der Fall, da der Investor meist die Möglichkeit einer aktiven Mitgestaltung der Unternehmensführung besitzt.[180] Ein weiterer Kritikpunkt ist in der Konzeption

---

[176] Vgl. Gleißner (2014), S. 167.

[177] Vgl. Thurow (2012), S. 11 ff.

[178] Vgl. Maehrle et al. (2005), S. 837.

[179] Vgl. Kapitel 2.1; Damodaran (1999), S. 11.

[180] Vgl. Hayn (1998), S. 413 f.

des CAPM zu finden. Wie erläutert, berücksichtigt dieses das unsystematische Risiko nicht, da es von der Möglichkeit einer vollständigen Diversifizierung dieses Risikos ausgeht. In der Praxis besitzen Investoren jedoch häufig verhältnismäßig große Beteiligungen, so dass ein unsystematisches Risiko faktisch besteht. Auch investieren VC-Gesellschaften häufig nur in Unternehmen bestimmter Sektoren. Als Lösung zur Bewertung dieser zusätzlichen Risiken, wäre neben der Berücksichtigung im Diskontierungszinssatz auch eine Berücksichtigung in der Ermittlung der zukünftigen Cashflows möglich.[181]

In der Praxis beinhaltet der Diskontierungszinssatz bei der Bewertung junger Unternehmen durch Venture Capital-Gesellschaften nicht nur eine Risikoprämie. Vielmehr beinhaltet er bis zu drei Prämienarten. Neben der Risikoprämie sind dies eine Liquiditätsprämie und eine Mehrwertprämie. Mittels der Liquiditätsprämie wird eine Prämie für die geringere Liquidität des Investments, beispielsweise im Vergleich zur Investition in ein börsennotiertes Unternehmen, berücksichtigt. Die Mehrwertprämie entschädigt für die von der Venture Capital-Gesellschaft geleistete Managementunterstützung und die Bereitstellung eines Netzwerks. Der Großteil der Venture Capital-Gesellschaften legt die Risikoprämie auf Basis eigener Erfahrungswerte oder auf Basis einer gewünschten Rendite, der Investorenzielrendite, fest. Nur ein geringer Teil verwendet das theoretisch fundierte CAPM.[182] Inwieweit eine der Verfahrensweisen zutreffender als die andere ist, kann hier nicht beurteilt werden.

Neben dem CAPM und den subjektiv geprägten Entscheidungen auf Basis von Erfahrungswerten, bestehen weitere Modelle zur Ermittlung des Diskontierungszinssatzes. Hier sind beispielsweise die Sicherheitsäquiva-

---

[181] Vgl. Maehrle et al. (2005), S. 837.

[182] Vgl. Achleitner et al. (2004), S. 703 ff.; Rzepka et al. (2016), S. 318 f.

lenz-, die Risikozuschlagsmethode, oder das Arbitrage Pricing-Modell zu nennen.[183] In der Literatur herrscht keine einstimmige Meinung, welche Methode zur Bewertung junger Unternehmen am geeignetsten ist.[184] Für eine nähere Beschäftigung mit den Besonderheiten bei der Ermittlung des Diskontierungszinssatzes zur Bewertung junger Unternehmen sei beispielsweise auf Hayn oder Gleißner verwiesen.[185]

4.2.2 Prognose künftiger Cashflows

Wie im vorherigen Kapitel erfolgt zunächst eine einführende Erläuterung der grundsätzlichen Vorgehensweise bei der Prognose künftiger Cashflows im Rahmen der Unternehmensbewertung. Anschließend werden die Besonderheiten und Schwierigkeiten in Bezug auf die Bewertung junger Unternehmen detailliert analysiert. Im Gegensatz zum vorherigen Kapitel wird noch nicht auf mögliche Lösungsansätze eingegangen. Aufgrund der großen Bedeutung der Cashflow-Prognose[186], beschäftigt sich ein eigenes Kapitel mit Lösungsansätzen.[187]

Die Vorgehensweise zur Prognose kann in drei Schritte unterteilt werden.[188] In einem ersten Schritt erfolgt eine Analyse der Historie des Unternehmens. Ziel ist hierbei eine fundierte Ausgangsbasis für die spätere Prognose von Wertgrößen zu schaffen. Hierzu sind insbesondere

---

[183] Vgl. hierzu beispielsweise Hayn (1998), S. 377 ff.

[184] So spricht sich beispielsweise Hayn für die Sicherheitsäquivalenzmethode aus, während Gleißner diese kritisch betrachtet (vgl. Hayn (1998), S. 434; Gleißner (2014), S. 165 f.).

[185] Vgl. Hayn (1998), S. 367 ff.; Gleißner (2014), S. 151 ff.

[186] Vgl. Kapitel 4.3.

[187] Vgl. Kapitel 5.

[188] Vgl. von Ahsen/de Witt (2009), S. 141.

Jahresabschlussdaten heranzuziehen und um außerordentliche Effekte zu bereinigen.[189] Im zweiten Schritt erfolgt eine Analyse des Wettbewerbsumfeldes, also der gegenwärtigen Situation. Hierzu kann nach Regionen oder nach Produkten und Produktgruppen unterschieden werden.[190] Als Analyseinstrumente können in diesem Schritt Strategieinstrumente, wie das Branchenstrukturmodell nach Porter, eine SWOT-Analyse, das Produktlebenszykluskonzept, das Erfahrungskurvenkonzept oder eine Marktwachstums-Marktanteilsmatrix zum Einsatz kommen.[191] Aufbauend auf den vorherigen Analyseschritten kann im dritten Schritt die Prognose der künftigen Entwicklung und damit der künftigen Cashflows erfolgen.[192] Hierzu sind zunächst Prognosezeitraum und Detailgrad der Prognose zu bestimmen. Die detaillierte Prognose sollte einen Zeitraum von drei bis fünf Jahren umfassen. Hierin sind unter anderem detaillierte Finanzprognosen zu erstellen. Für den anschließenden Zeitraum kann die Prognose weniger detailliert und auf Basis einzelner Kennzahlen, wie dem Umsatzwachstum, erfolgen.[193] Die hiernach zu erstellende Planung umfasst in der Regel eine Ergebnisplanung, eine Investitionsplanung, eine Finanzplanung, eine Steuerplanung und eine Bilanzplanung. Hieraus kann dann die Cashflow-Planung abgeleitet werden.[194] Zur Erstellung der Planung kann zum einen ein Top-Down-Ansatz gewählt werden. Bei diesem werden, ausgehend von den Marktkapazitäten, der mögliche Marktanteil des Unternehmens und – hieraus abgeleitet – die Umsätze und Cashflows

---

[189] Vgl. von Ahsen/de Witt (2009), S. 143 ff.

[190] Vgl. von Ahsen/de Witt (2009), S. 146 ff.

[191] Vgl. Copeland et al. (2002), S. 288 f.; Hayn (1998), S. 221 ff.; von Ahsen/de Witt (2009), S. 147.

[192] Vgl. von Ahsen/de Witt (2009), S. 148 ff.

[193] Vgl. Copeland et al. (2002), S. 286 f.; von Ahsen/de Witt (2009), S. 148 ff.

[194] Vgl. von Ahsen/de Witt (2009), S. 150.

bestimmt. Zum anderen kann ein Bottom-Up-Ansatz gewählt werden, bei dem Umsätze und Cashflows basierend auf den Kapazitäten des Unternehmens geschätzt werden.[195] Für die Prognose der Unternehmensentwicklung in der zweiten, nicht mehr detailliert geplanten Periode bestehen verschiedene Möglichkeiten. So kann sich die Prognose auf die Schätzung von Wachstumsraten beschränken.[196] Alternativ können beispielsweise Konvergenzmodelle verwendet werden, die eine detaillierte Simulation der Rentabilitätsentwicklung vornehmen.[197] Die Prognose der zweiten Planungsperiode ist von großer Bedeutung für den Unternehmenswert, da sie oft mehr als 50% des gesamten Ergebnisses beisteuert.[198] Bei jungen Unternehmen, mit anfänglich negativen Cashflows, kann dieser Wert sogar mehr als 100% betragen.[199]

Die Vorgehensweise in drei Schritten stellt den Idealfall dar. Für junge Unternehmen ergeben sich hierbei aber Schwierigkeiten. Der Hauptgrund hierfür ist erneut in den Merkmalen junger Unternehmen zu finden.[200] Die begrenzte Historie und dadurch unzureichende Datenlage machen den ersten Schritt bei der Prognose künftiger Cashflows, die Analyse der historischen Entwicklung, nahezu unmöglich. Auch die hohe Dynamik und das überproportionale Wachstum erschweren Zukunftsprognosen.[201] Schlussfolgernd sind geeignete Prognoseverfahren zu finden, die auch ohne Vorliegen umfassender historischer Daten eine zutreffende Prognose der

---

[195] Vgl. Damodaran (2010), S. 225.

[196] Vgl. Bausch and Pape (2005), S. 481.

[197] Vgl. Henselmann/Weiler (2007), S. 356 ff.

[198] Vgl. Albrecht (2004), S. 732 f.; Bausch/Pape (2005), S. 475.

[199] Vgl. Damodaran (2010), S. 218.

[200] Vgl. Kapitel 2.1.

[201] Vgl. auch bspw. Rzepka et al. (2016), S. 317 und Damodaran (1999), S. 10.

künftigen Unternehmensentwicklung ermöglichen. Hiermit beschäftigt sich Kapitel 5.

4.3 Die Prognose künftiger Cashflows als zentrales Problem bei der Bewertung junger Unternehmen

Wie die vorstehenden Kapitel 4.2.1 und 4.2.2 gezeigt haben, sind der Diskontierungszinssatz und die künftigen Cashflows die kritischen Faktoren bei der Bewertung junger Unternehmen – den Faktor „Subjektivität des Bewertenden" hier bewusst außer Betracht gelassen. Beide besitzen für sich genommen hohen Einfluss auf das Bewertungsergebnis. Gleichzeitig sind beide nicht ohne (subjektive) Annahmen und Schätzungen bestimmbar. Die Fragestellung, welcher der beiden Faktoren der relevantere ist, lässt sich deshalb nicht final und sogar situationsabhängig unterschiedlich beantworten.

Eine Antwort hierauf ist für die weiteren Untersuchungen dennoch erforderlich. Aufgrund des hohen theoretischen Anspruchs, bei gleichzeitig schwieriger Umsetzung in der Praxis, beschäftigt sich die Literatur bislang wenig mit den Möglichkeiten zur Prognose künftiger Cashflows, dafür jedoch umso mehr mit der Bestimmung des Diskontierungszinssatzes.[202] Doch gerade im Bereich der VC-Gesellschaften dominiert die individuelle, subjektive Festlegung des Diskontierungszinssatzes, was die Notwendigkeit einer theoretisch fundierten Bestimmung des Diskontierungssatzes für die Bewertungspraxis in diesem Segment in Frage stellt.[203] Ferner lässt sich diverse Literatur finden, die die Cashflow-Prognose als wichtigsten Faktor bei der Unternehmensbewertung herausstellt.[204] Des Weiteren

---

[202] Vgl. Knoll (2010), S. 617.

[203] Vgl. Kapitel 4.2.1.

[204] Vgl. bspw. Institut der Wirtschaftsprüfer (2008), Tz. 68/ S. 15; Mandl/Rabel (1997), S. 141.

beinhaltet die Prognose nicht nur die Schätzung der Cashflows an sich. Vielmehr beinhaltet diese zum einen auch eine Prognose der grundsätzlichen zukünftigen Entwicklung und damit des Wachstums oder der Margenentwicklung und kann zum anderen mögliche zukünftige Bedrohungen, Risiken und Chancen aufdecken.[205] Aus diesen Gründen wird die Prognose der künftigen Cashflows hier als das zentrale und bedeutendste Problem bei der Bewertung junger Unternehmen betrachtet, weshalb diesem hier besondere Aufmerksamkeit gewidmet wird. Das nachfolgende Kapitel 5 beschäftigt sich ausführlich mit Lösungsansätzen zur Prognose künftiger Cashflows.

---

[205] Vgl. Kapitel 5.

5 Lösungsansätze zur Prognose künftiger Cashflows

5.1 Überblick

Bei der Prognose künftiger Cashflows ist die Berücksichtigung von Unsicherheit von zentraler Bedeutung.[206] Dies gilt somit umso mehr für die Bewertung junger Unternehmen, die durch ein hohes Wachstum, eine hohe Dynamik und ein hohes Risiko gekennzeichnet sind.[207] Zur Schätzung sind daher Lösungsansätze in Form von Prognosetechniken erforderlich, die die hohe Unsicherheit ausreichend berücksichtigen, sich gleichzeitig aber auch unter Berücksichtigung der Merkmale junger Unternehmen fundiert anwenden lassen.[208] Die Lösungsansätze werden häufig in zwei Gruppen unterteilt, die in Abbildung 6 dargestellt sind.[209] Die erste Gruppe umfasst mathematisch-statistische Methoden. Hierunter fallen unter anderem Clusteranalysen, Diskriminanzanalysen, Zeitreihenanalysen sowie Regressionsanalysen.[210] Die zweite Gruppe umfasst intuitive Methoden. Dies sind beispielsweise die Prognose mittels Analogieschluss, die Delphi-Methode, Relevanzbaumverfahren und die Szenariotechnik.[211]

---

[206] Vgl. Mandl/Rabel (1997), S. 162.

[207] Vgl. Kapitel 2.1.

[208] Vgl. Schwall (2001), S. 164 ff.

[209] Vgl. Alvano (1988), S. 146 ff; Hayn (1998), S. 257 ff.; Eine dritte Gruppe bilden die diffusionstheoretischen Methoden (vgl. Maier (2011), S. 74 ff.). Da diese in anderer einschlägiger Literatur jedoch nicht behandelt werden, erfolgt hier keine weitere Berücksichtigung.

[210] Vgl. Hayn (1998), S. 257 ff.

[211] Vgl. Hayn (1998), S. 294 ff.; Maier (2011), S. 67 ff.; Alvano (1988), S. 146 ff.

© Springer Fachmedien Wiesbaden GmbH, ein Teil von Springer Nature 2018
M. Smeets, *Besonderheiten bei der Bewertung junger Unternehmen*,
https://doi.org/10.1007/978-3-658-22880-4_5

Mathematisch-statistische Methoden	Intuitive Methoden
• Clusteranalyse • Diskriminanzanalyse • Zeitreihenanalyse • Regressionsanalyse	• Prognose mittels Analogieschluss • Delphi-Methode • Relevanzbaumverfahren • Szenariotechnik

Quelle: Eigene Erstellung, basierend auf den Ergebnissen des Kapitels 5.1.

Abbildung 6: Methoden zur Prognose künftiger Cashflows[212]

Neben den klassischen Ansätzen der mathematisch-statistischen und der intuitiven Methoden, findet sich in der jüngeren Literatur ein Ansatz zur Cashflow-Prognose, der auf der Unternehmensbewertung durch Simulation stochastischer Prozesse basiert.[213] Eine Zuordnung zu den in Abbildung 6 dargestellten Gruppen besteht in der Literatur bislang nicht und wäre auch nur eingeschränkt möglich. Grund hierfür ist, dass eine Simulation stochastischer Prozesse grundsätzlich eine Methodik der Statistik darstellt.[214] Gleichzeitig baut sie aber auf der Verwendung von Szenarien auf und benötigt damit intuitive Überlegungen.[215] Kapitel 5.2.2 stellt die Technik überblicksartig dar und gibt einen Ausblick auf mögliche Anwendungsfelder.

---

[212] Neben den hier ausgewählten Methoden bestehen weitere, beispielsweise die morphologische Analyse (vgl. Hayn (1998), S. 300 ff.).

[213] Vgl. Pohl (2013), S. 626 ff.; Damodaran (2010), S. 76 ff.

[214] Vgl. Eckstein (2014), S. 131.

[215] Vgl. Moser/Schieszl (2001), S. 531 f.

5.1.1 Mathematisch-statistische Methoden

Mathematisch-statistische Methoden beruhen auf umfangreichem theoretischem Wissen. Ihr Einsatz ist dann sinnvoll, wenn die Prognoseergebnisse intersubjektiv, also von Personengruppen mit unterschiedlichen Interessen, nachvollziehbar sein müssen. Dies ist beispielsweise bei Gesellschafterauseinandersetzungen der Fall.[216] Mathematisch-statistische Methoden unterstellen jedoch eine gleichmäßige zukünftige Entwicklung des Unternehmens und benötigen eine ausreichende Anzahl von Vergangenheitsdaten.[217] Bei der Bewertung junger Unternehmen kann mit ihnen nur ein kurzer Zeitraum verlässlich prognostiziert werden, ohne intuitive Überlegungen zur künftigen Entwicklung anzustellen. Grund hierfür ist, dass die den Verfahren zugrundeliegende Struktur junger Unternehmen regelmäßig inkonsistent ist.[218] Mathematisch-statistische Methoden sind somit für die Bewertung junger Unternehmen nur eingeschränkt geeignet.[219] Auf diese Gruppe wird daher im Folgenden nicht weiter eingegangen.

5.1.2 Intuitive Methoden

Intuitive Prognosemethoden sind für die Cashflow-Prognose junger Unternehmen besonders geeignet, da ihre Anwendung immer dann sinnvoll ist, wenn die Datenhistorie klein oder unvollständig ist, von einer künftigen Änderung der Umweltbedingungen ausgegangen wird, sich das Bewertungsobjekt volatil entwickelt oder langfristige Prognosen erstellt werden müssen.[220] Die mangelnde Strukturkonstanz junger Unternehmen spricht

---

[216] Vgl. Alvano (1988), S. 153 f.

[217] Vgl. Alvano (1988), S. 150 ff.; Schwall (2001), S. 165.

[218] Vgl. Hayn (1998), S. 293 f.; Kapitel 2.1.

[219] Vgl. Schwall (2001), S. 165.

[220] Vgl. Alvano (1988), S. 154.

ebenfalls für die Anwendung intuitiver Verfahren.[221] Diese beruhen neben quantitativen vor allem auf qualitativen Daten. Letztere stammen hierbei überwiegend aus Expertenwissen. Die Experten können sowohl unternehmensexterne Bewertende als auch unternehmensinterne Mitarbeiter sein.[222]

Trotz der grundsätzlichen Überlegenheit intuitiver Methoden eignen sich einzelne Methoden besser als andere. Die Prognose mittels Analogieschluss basiert auf quantitativen Vergangenheitsdaten und ergänzt diese um qualitative Unternehmensdaten sowie Daten von Vergleichsunternehmen. Da oft nur die Entwicklung einzelner Unternehmenskomponenten mittels Analogieschluss prognostizierbar ist, eignet sich die Methode nur zur ergänzenden Informationsgewinnung über Chancen und Risiken einzelner Strategiemaßnahmen.[223] Die Delphi-Methode basiert ausschließlich auf einer Expertenbefragung und damit rein auf qualitativen Daten. Die Experten werden hierbei in mehreren Runden befragt. Die Ergebnisse werden dann statistisch ausgewertet und liefern eine Prognose.[224] Das Ergebnis der Gruppenprognose kann jedoch abhängig von jeweiliger Situation und vom Verhalten der Experten stark variieren.[225] Mittels des Relevanzbaumverfahrens werden Zusammenhänge zwischen Zielen und Mitteln zur Zielerreichung aufgedeckt. Hierzu werden die Mittel dem Ziel hierarchisch untergeordnet. Das Relevanzbaumverfahren kann helfen, die den Unternehmenswert determinierenden Faktoren zu ermitteln, stellt jedoch keine alleine anwendbare Möglichkeit zur Cashflow-Prognose dar.[226] Die wohl

---

[221] Vgl. Hayn (1998), S. 293.

[222] Vgl. Hayn (1998), S. 294 f.

[223] Vgl. Hayn (1998), S. 297 ff.

[224] Vgl. Alvano (1988), S. 148 ff.

[225] Vgl. Hayn (1998), S. 296 f.

[226] Vgl. Hayn (1998), S. 305 ff.

geeignetste intuitive Methode stellt die Szenariotechnik dar.[227] Aufgrund der vielfältigen Einsatzmöglichkeiten wird dieser Technik in der Literatur erhöhte Aufmerksamkeit geschenkt.[228] Kapitel 5.2.1 beschäftigt sich daher ausführlich mit der Szenariotechnik.

5.2 Darstellung ausgewählter Verfahren

5.2.1 *Szenariotechnik*

5.2.1.1 Die Technik

Die Szenariotechnik entstammt der strategischen Planung und ist eine Methode zur Erarbeitung zukünftiger, alternativer Situationen[229] – bspw. der wirtschaftlichen Entwicklung eines Unternehmens. Hierbei beschreibt ein Szenario zum einen eine komplexe, zukünftige Situation und zum anderen die Entwicklung von der gegenwärtigen Situation hin zu dieser zukünftigen Situation. Die Komplexität geht auf die Entwicklung der vielen verschiedenen Einflussgrößen zurück, die alle miteinander vernetzt sind.[230] Die Szenariotechnik berücksichtigt hierbei sowohl qualitative als auch quantitative Informationen.[231] Dargestellt werden können die möglichen Szenarien in Form eines Trichters, der in Abbildung 7 dargestellt ist.

---

[227] Vgl. Schwall (2001), S. 166; Hayn (1998), S. 358 ff.; weitere Erläuterungen zur Eignung in Kapitel 5.2.1.

[228] Vgl. beispielsweise Kaluza/Ostendorf (1995); Kaluza/Ostendorf (1997); Hayn (1998); Schwall (2001); Damodaran (2010); Heckmanns (2018).

[229] Auch „Zukunftsbilder" genannt (vgl. Geschka/Hammer (1997), S. 467).

[230] Vgl. Gausemeier et al. (1996), S. 90 f.

[231] Vgl. Simon/von der Gathen (2010), S. 80.

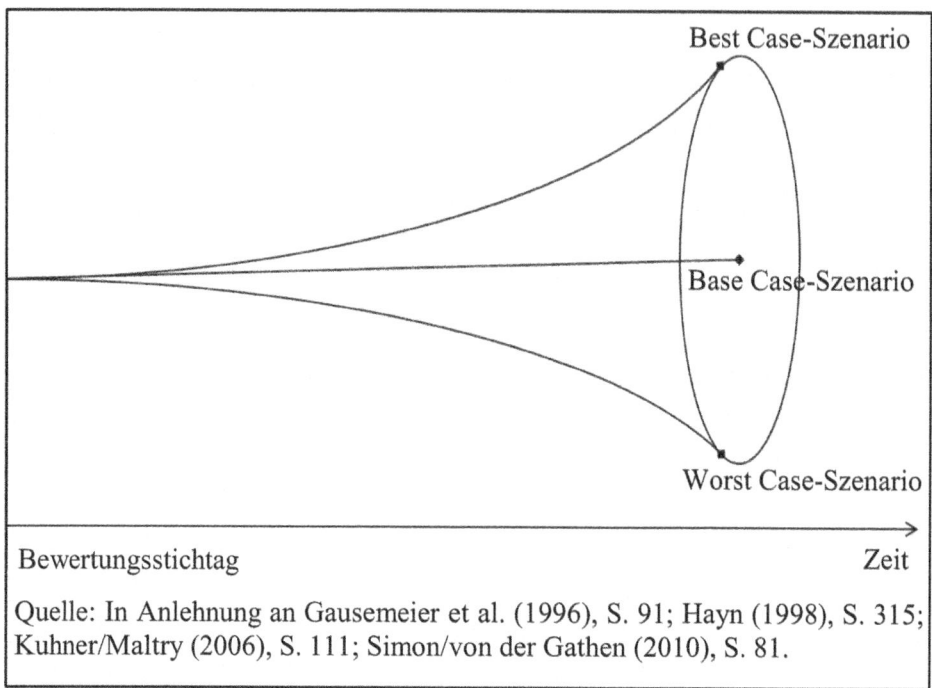

Quelle: In Anlehnung an Gausemeier et al. (1996), S. 91; Hayn (1998), S. 315;
Kuhner/Maltry (2006), S. 111; Simon/von der Gathen (2010), S. 81.

Abbildung 7: Szenario-Trichter

Die Ränder des Trichters stellen dabei die Extremszenarien (Best und
Worst Case) dar. In der Mitte ist ein mögliches Trendszenario, das Base
Case-Szenario, dargestellt. Grundsätzlich sind weitere Szenarien innerhalb
des Trichters denkbar.[232] Zur Herleitung der einzelnen Szenarien kann in
vier Phasen vorgegangen werden, die in Abbildung 8 aufgeführt sind.[233]

---

[232] Vgl. Hayn (1998), S. 314 ff.; Gausemeier et al. (1996), S. 109 ff.

[233] Die eigentliche Unterteilung sieht fünf Phasen vor (vgl. Gausemeier et al.
(1996), S. 101). Im hier betrachteten Fall dient die Szenariotechnik jedoch der
Prognose künftiger Cashflows, nicht als Grundlage für die strategische Füh-
rung des Unternehmens. Auf die fünfte Phase, den Szenario-Transfer auf die
Entscheidungsprozesse in der Unternehmensführung, kann hier daher

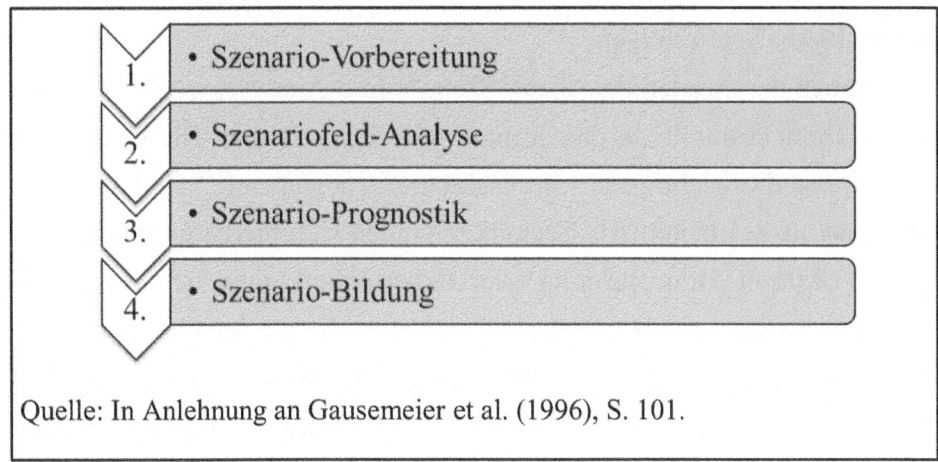

Quelle: In Anlehnung an Gausemeier et al. (1996), S. 101.

Abbildung 8: Phasen des Szenario-Managements

In der ersten Phase, der Szenario-Vorbereitung, werden zunächst die Aufgaben definiert, die die Szenario-Technik im vorliegenden Fall erfüllen soll. Anschließend wird das Gestaltungsfeld definiert und im Hinblick auf seine gegenwärtigen Stärken und Schwächen analysiert.[234] Das Gestaltungsfeld ist im Rahmen der Cashflow-Prognose zur Bewertung junger Unternehmen das Unternehmen selber. Es können jedoch auch einzelne Strategische Geschäftseinheiten innerhalb des Unternehmens separat betrachtet werden.[235] Die Analyse der Stärken und Schwächen kann mittels

---

verzichtet werden. Andere Unterteilungen sind ebenfalls möglich. So unterteilt von Reibnitz den Prozess in acht Phasen (vgl. von Reibnitz (1992), S. 30 ff.), Hayn hingegen verwendet drei Phasen (vgl. Hayn (1998), S. 320). Vgl. für weitere alternative Vorgehensweisen bspw. Geschka/Hammer (1997), S. 469 und Heckmanns (2018), S. 15 ff.

[234] Vgl. Gausemeier et al. (1996), S. 125 f.

[235] Vgl. Gausemeier et al. (1996), S. 140.

strategischer Instrumente, wie dem Stärken-Schwächen-Profil oder einer Portfolio-Analyse, erfolgen.[236]

Im Rahmen der zweiten Phase, der Szenariofeld-Analyse, werden die Einflussfaktoren ermittelt, die das Szenariofeld kennzeichnen. Hierbei werden schrittweise die wichtigsten Einflussfaktoren, sogenannte Schlüsselfaktoren[237], herausgearbeitet. Als Techniken eignen sich hierzu unter anderem System-Skizzen, Brainstorming oder Expertenbefragungen.[238] Schlüsselfaktoren können zum Beispiel die Nachfrage der Endkunden nach dem Produkt eines Unternehmens und die Anzahl der Wettbewerber sein.[239]

Die dritte Phase, die Szenario-Prognostik, dient der Ermittlung der Entwicklungsmöglichkeiten der einzelnen Schlüsselfaktoren. Hierzu werden – aufbauend auf dem aktuellen Zustand der Schlüsselfaktoren – zunächst verschiedene Entwicklungsmöglichkeiten beschrieben, bevor ein bis drei Zukunftsprojektionen je Schlüsselfaktor ausgewählt werden. Diese werden abschließend mit ihren geschätzten Eintrittswahrscheinlichkeiten gewichtet. Damit die Auswahl der Projektionen nachvollziehbar ist, sollte diese grundsätzlich begründet erfolgen.[240] Tabelle 1 zeigt eine beispielhafte Zukunftsprojektion. Der erste Schlüsselfaktor ist hier die Produktnachfrage der Endkunden innerhalb der nächsten zwölf Monate. Diese kann steigen, sinken oder unverändert bleiben. Der zweite Schlüsselfaktor ist die Entwicklung der Anzahl der Wettbewerber im gleichen Zeitraum. Jede Zukunftsprojektion ist mit einer Eintrittswahrscheinlichkeit gewichtet.

---

[236] Vgl. Gausemeier et al. (1996), S. 152 ff.

[237] In der Literatur sind auch alternative Bezeichnungen zu finden, beispielsweise der Begriff der „kritischen Deskriptoren" (vgl. Kuhner/Maltry (2006), S. 112).

[238] Vgl. Gausemeier et al. (1996), S. 167 ff.

[239] In der Praxis ist die Anzahl der Schlüsselfaktoren in der Regel deutlich höher (vgl. beispielsweise Gausemeier et al. (1996), S. 216).

[240] Vgl. Gausemeier et al. (1996), S. 221 ff.

Schlüsselfaktor	Zukunftsprojektion	Eintrittswahrscheinlichkeit
1) Produktnachfrage Endkunden innerhalb kommender zwölf Monate	Die Nachfrage der Endkunden nach den angebotenen Produkten steigt an.	30%
	Die Nachfrage der Endkunden bleibt unverändert.	30%
	Die Nachfrage der Endkunden sinkt.	40%
2) Anzahl der Wettbewerber innerhalb kommender zwölf Monate …	Die Anzahl der Wettbewerber steigt.	40%
	…	…
Quelle: Eigene Erstellung, basierend auf den Ergebnissen des Kapitels 5.2.1.1.		

Tabelle 1: Beispiel Zukunftsprojektionen

Die vierte Phase beinhaltet die endgültige Szenario-Bildung. Hierin werden aus den einzelnen Zukunftsprojektionen der Schlüsselfaktoren mögliche Szenarien entwickelt. Zunächst sind hierfür Konsistenz- und Plausibilitätsanalysen der verschiedenen sogenannten Projektionsbündel – die Kombinationen der Zukunftsprojektionen der Schlüsselfaktoren –

durchzuführen.[241] Hierzu kann beispielsweise eine Konsistenzmatrix verwendet werden.[242] Konsistent ist ein Projektionsbündel dann, wenn die Ausprägungen der Schlüsselfaktoren nicht im Widerspruch zueinander stehen.[243] Anschließend erfolgt eine Reduktion der Vielzahl an Projektionsbündeln. Hierauf aufbauend erfolgen die Erstellung von Rohszenarien und die Bildung der endgültigen Szenarien. Die so generierten Szenarien werden abschließend ausführlich beschrieben.[244] Häufig wird die Bildung von drei unterschiedlichen Szenarien empfohlen. Zum einen ein sogenanntes Best Case-Szenario, welches eine besonders positive Entwicklung der Schlüsselfaktoren unterstellt. Konträr hierzu zeigt ein Worst Case-Szenario die Auswirkungen einer besonders negativen Entwicklung der Schlüsselfaktoren auf. Ein drittes Szenario ist das Base Case-Szenario oder Trend-Szenario, welches entsteht, wenn der aktuelle Entwicklungstrend der Schlüsselfaktoren beibehalten wird.[245] Die Szenarien sollten die möglichen Zukunftsprojektionen zum Endzeitpunkt der Detailplanungsperiode darstellen.[246]

Beispielhaft können die in Tabelle 2 dargestellten Szenarien entwickelt werden – beispielsweise als Ergebnis einer Expertenschätzung. Die Szenarien werden mit ihrer Eintrittswahrscheinlichkeit gewichtet. Der Gewichtung ist hierbei besondere Beachtung zu schenken, da diese grundsätzlich äußerst subjektiv erfolgt und Änderungen der Gewichtung große

---

[241] Vgl. Gausemeier et al. (1996), S. 251 ff.

[242] Vgl. von Reibnitz (1992), S. 49 ff.; Gausemeier et al. (1996), S. 255 ff.

[243] Vgl. Hayn (1998), S. 338.

[244] Vgl. Gausemeier et al. (1996), S. 264 ff.

[245] Vgl. Simon/von der Gathen (2010), S. 82; McKinsey & Company et al. (2010), S. 749 f.; Kuhner/Maltry (2006), S. 111 f.; Damodaran (2010), S. 64 ff.

[246] Vgl. Hayn (1998), S. 364; McKinsey & Company et al. (2010), S. 750; Kapitel 4.2.2.

Auswirkungen auf den später zu ermittelnden Unternehmenswert haben.[247] Die drei Szenarien beschreiben die Ränder und Mitte des in Abbildung 7 dargestellten Trichters. Mögliche andere Szenarien werden im Beispiel nicht betrachtet.

---

[247] Vgl. McKinsey & Company et al. (2010), S. 751.

Szenario	Produktabsatz in Stück	Produktpreis in Euro	Umsatz in Euro	Eintrittswahrscheinl.
Best Case: Anstieg der Produktnachfrage der Endkunden und sinkende Anzahl der Wettbewerber	100.000	10,00	1.000.000	25%
Worst Case: Sinken der Produktnachfrage der Endkunden und Anstieg der Anzahl der Wettbewerber	30.000	8,00	240.000	25%
Base Case: Unveränderte Nachfrage der Endkunden und gleichbleibende Anzahl der Wettbewerber	75.000	9,00	675.000	50%
Quelle: Eigene Erstellung auf Datenbasis der Ergebnisse des Kapitels 5.2.1.1 und in Anlehnung an McKinsey & Company et al. (2010), S. 750.				

Tabelle 2: Beispiel Szenarien[248]

---

[248] Die Eintrittswahrscheinlichkeiten stehen nicht in mathematischem Zusammenhang mit den Eintrittswahrscheinlichkeiten der Zukunftsprojektionen.

Die hier definierten Szenarien für die möglichen Umsatzentwicklungen liefern nun die Basis zur Planung der Gewinn- und Verlustrechnung. Anschließend können hieraus die Free Cashflows und damit der Unternehmenswert ermittelt werden. Hierzu wird der Unternehmenswert jeweils auf Basis der einzelnen Szenarien ermittelt, im Beispiel also drei Mal. Anschließend werden die so ermittelten Werte mit der jeweiligen geschätzten Eintrittswahrscheinlichkeit jedes Szenarios gewichtet, so dass sich hieraus ein abschließender Unternehmenswert ergibt.[249] Die abschließende Fallstudie in Kapitel 6 greift diese Vorgehensweise auf.

5.2.1.2 Fazit

Die Szenariotechnik besitzt verschiedene Vorteile. So ist der Bewertende gezwungen, sich mit allen erdenklichen Einflüssen und Entwicklungen auseinanderzusetzen.[250] Hierdurch wird eine hohe Transparenz bezüglich der zukünftigen Unternehmensentwicklung erlangt. Auch wenn niemals das vollständige Spektrum möglicher Zukunftsentwicklungen abgedeckt werden kann, da dies eine vollkommene Information über die Unsicherheit der Zukunft voraussetzen würde, lässt sich mit der Szenariotechnik doch zumindest nahezu das gesamte Spektrum der möglichen Zukunftsentwicklungen junger Unternehmen herleiten.[251] Die Szenariotechnik dient außerdem der Komplexitätsreduktion. Durch die Festlegung auf wenige mögliche Szenarien entsteht eine überschaubare Menge von Zukunftsbildern.[252] Eine Komplexitätsreduktion in Bezug auf die Anwendung der Technik

---

[249] Vgl. McKinsey & Company et al. (2010), S. 751; Copeland et al. (2002), S. 298.

[250] Vgl. Alvano (1988), S. 147 f.; Simon/von der Gathen (2010), S. 82.

[251] Vgl. Hayn (1998), S. 361 ff.

[252] Vgl. Kuhner/Maltry (2006), S. 112.

kann außerdem durch das in Kapitel 5.2.1.1 dargestellte vierteilige Vorgehen erreicht werden.[253] Dennoch fehlt der Szenariotechnik an vielen Stellen eine wissenschaftliche Fundierung. So sind beispielsweise die Plausibilitätsüberlegungen im Rahmen der Bewertung der Projektionsbündel eher intuitiv geprägt.[254] Dieser fehlenden wissenschaftlichen Fundierung kann zumindest teilweise durch eine sorgfältige Definition der Szenarien begegnet werden. Hierzu sollte jedes Szenario die vier Kriterien „Relevanz", „Konsistenz", Transparenz" und „angemessene Eintrittswahrscheinlichkeit" erfüllen.[255] Der Szenariotechnik kann ferner vorgeworfen werden, nicht intersubjektiv nachvollziehbar zu sein und das verwendete Expertenwissen nicht transparent aufzeigen zu können.[256] Aufgrund der beschriebenen laufenden Dokumentation aller Schritte und Entscheidungen kann diesem Vorwurf jedoch widersprochen werden.[257] Dennoch wird die große Bedeutung einer sorgfältigen Überprüfung der Expertenurteile ersichtlich.[258]

Wenngleich vereinzelt nur als Methode zur Komplexitätsreduktion betrachtet[259], wird die Szenariotechnik im Rahmen der Bewertung junger Unternehmen in der Literatur meist ausdrücklich als Prognosetechnik empfohlen.[260] Auch bei Betrachtung der Merkmale junger Unternehmen lässt

---

[253] Vgl. hierzu auch Hayn (1998), S. 363.

[254] Vgl. Kuhner/Maltry (2006), S. 121.

[255] Vgl. Godet/Roubelat (1996), S. 169.

[256] Vgl. Kuhner/Maltry (2006), S. 120; Alvano (1988), S. 148. Gleiches gilt auch für die Prognose der Cashflows, siehe Kapitel 4.2.2.

[257] Vgl. Kapitel 5.2.1.1 sowie Gausemeier et al. (1996), S. 101 ff.

[258] Vgl. Hayn (1998), S. 363.

[259] Vgl. Kuhner/Maltry (2006), S. 121.

[260] Vgl. beispielsweise McKinsey & Company et al. (2010), S. 749 ff.; Schwall (2001), S. 166; Hayn (1998), S. 364; Meyer (2006), S. 62.

sich leicht auf die Dominanz der Szenariotechnik schließen.[261] So sind aufgrund der fehlenden Datenhistorie, des meist hohen Wachstums und der oft inkonsistenten Struktur mathematisch-statistische Verfahren schlichtweg ungeeignet, während alternative intuitive Verfahren keine ausreichend gute Prognose ermöglichen.[262] Eine Ergänzung der Szenariotechnik durch die anderen intuitiven Methoden ist dennoch empfehlenswert. Die Szenariotechnik stellt hierbei eine Art Rahmenkonzept dar, in welches die verschiedenen intuitiven Methoden – bspw. die Prognose mittels Analogieschluss, die Delphi-Methode oder das Relevanzbaumverfahren – integriert werden können.[263]

5.2.2 Simulation stochastischer Prozesse

5.2.2.1 Die Technik

Stochastische Ansätze sind im Rahmen der Unternehmensführung und -bewertung in drei Bereichen zu finden. Erstens lässt sich mittels stochastischer Prognose zukünftiger Cashflows ein Unternehmenswert ermitteln. Zweitens werden stochastische Ansätze im Rahmen der Realoptionspreistheorie[264] angewandt. Drittens lassen sich mittels stochastischer Ansätze Insolvenzwahrscheinlichkeiten von Unternehmen ermitteln.[265] Das vorliegende Kapitel beschäftigt sich mit dem erstgenannten Bereich.

Mit der Szenariotechnik wurden die möglichen Ausprägungen des Unternehmenswertes durch die Bestimmung der Größen der Werttreiber in verschiedenen Szenarien und die anschließende Ermittlung der

---

[261] Vgl. Kapitel 2.1.

[262] Vgl. Kapitel 5.1.

[263] Vgl. Hayn (1998), S. 359 f., S. 442 f.; Kapitel 5.1.2.

[264] Vgl. Kapitel 3.2.4.

[265] Vgl. Pohl (2013), S. 627 f.

Erwartungswerte des Cashflows ermittelt.[266] Bei der Simulation stochastischer Prozesse werden hingegen nicht mehr nur die Erwartungswerte der Cashflows ermittelt. Es werden vielmehr vollständige Wahrscheinlichkeitsverteilungen der Größen betrachtet.[267] Hierzu kann in fünf Schritten vorgegangen werden:[268]

1. Erstellung des Unternehmensmodells und Bestimmung der Werttreiber (Variablen)

2. Definition von Wahrscheinlichkeitsverteilungen für die ermittelten Variablen

   a. Entwicklung von Szenarien zur Bestimmung der Randwerte der Verteilungen

   b. Verwendung historischer Daten

   c. Verwendung von Daten vergleichbarer Unternehmen

3. Ermittlung möglicher Korrelationen der Variablen untereinander

4. Durchführung der Simulationen und Auswertung der Ergebnisse

5. Durchführung von Sensitivitätsanalysen

Zunächst sind – ähnlich wie in der Szenariotechnik – Werttreiber, die die Größe der zu bewertenden zukünftigen Cashflows beeinflussen, zu bestimmen und in ein Unternehmensmodell, welches beispielsweise die Planungsrechnung enthält, zu integrieren.[269] Dies können beispielsweise der Umsatz oder die Abschreibungs- und Investitionshöhe sein. In einem zweiten Schritt erfolgt die Bestimmung von Wahrscheinlichkeitsverteilungen,

---

[266] Vgl. Kapitel 5.2.1.1.

[267] Vgl. Moser/Schieszl (2001), S. 531.

[268] Die hier entwickelte Vorgehensweise ist eine Zusammenführung der unterschiedlichen von Moser/Schieszl (2001), S. 531; Damodaran (2012), S. 908 ff. und Röber (2013), S. 23 ff. verwendeten Vorgehensweisen und basiert inhaltlich auf diesen.

[269] Vgl. Moser/Schieszl (2001), S. 531.

für die im ersten Schritt bestimmten Variablen. Die Verteilung muss dem jeweiligen Werttreiber angepasst sein. So können beispielsweise für die Modellierung von Preisen, Aktien oder Wechselkursen Log-Normalverteilungen verwendet werden.[270] Zur Bestimmung der passenden Verteilung stehen verschiedene Vorgehensweisen zur Auswahl. Es können Szenarien entwickelt werden, die mittels Best und Worst Case-Szenario[271] Randwerte der zu generierenden Wahrscheinlichkeitsverteilung bilden.[272]Alternativ können historische Daten des Unternehmens verwendet werden.[273] Mangels ausreichender Historie scheidet diese Möglichkeit jedoch für junge Unternehmen regelmäßig aus. Die dritte Möglichkeit ist die Verwendung von Daten vergleichbarer Unternehmen zur Bestimmung der Wahrscheinlichkeitsverteilungen.[274] Auch diese Möglichkeit muss auf Basis der hier betrachteten jungen Unternehmen, denen häufig vergleichbare Mitbewerber fehlen, kritisch hinterfragt werden. Eine teilweise vorgeschlagene[275] – mehr oder weniger – beliebige Auswahl möglicher Verteilungen erscheint nicht zielführend und wird hier nicht als mögliche Vorgehensweise betrachtet. In einem dritten Schritt sind nun mögliche Korrelationen zwischen einzelnen Variablen zu ermitteln. Sind beispielsweise Marktzinssätze und die Inflationsrate als Werttreiber gewählt, können diese stark miteinander korrelieren. In diesem Fall muss entweder nur eine der miteinander korrelierten Variablen verwendet werden, oder die Korrelation ist

---

[270] Vgl. Moser/Schieszl (2001), S. 532.

[271] Vgl. Kapitel 5.2.1. Hier wird deutlich, dass die Szenariotechnik und die Simulation stochastischer Prozesse eng ineinandergreifen.

[272] Vgl. Moser/Schieszl (2001), S. 531 f.

[273] Vgl. Damodaran (2012), S. 908 f.

[274] Vgl. Damodaran (2012), S. 909.

[275] Vgl. Damodaran (2012), S. 909 f.

explizit in der Simulation zu berücksichtigen.[276] Der vierte Schritt beinhaltet die Durchführung der Simulationen. Hierin werden zunächst die Ergebnisse auf Basis der Wahrscheinlichkeitsverteilungen jeder einzelnen Variable ermittelt. Anschließend wird hierauf aufbauend der Unternehmenswert ermittelt.[277] Der fünfte Schritt ist zur Ermittlung des Unternehmenswertes nicht zwingend erforderlich, erlaubt jedoch einen tieferen Einblick, welche der Variablen das Ergebnis in welcher Weise beeinflussen. Hierzu können Sensitivitätsanalysen, wie beispielsweise Tornado-Diagramme, verwendet werden.[278] Mathematisch kann die Vorgehensweise unter Verwendung von Gleichung (1) dargestellt werden.[279] Hierbei sind die Variablen $\widehat{FCF_t}$ und $\widehat{k_s^f}$, jeweils als unsicherheitsbehaftete Werte, zu bestimmen.

$$UW^{FCF} = EK^{FCF}$$

$$= \sum_{t=1}^{\tau} \frac{\widehat{FCF_t}}{\left(1 + \widehat{k_s^f}\right)^t} + \frac{FCF_{\tau+1}}{k_s^f \cdot \left(1 + \widehat{k_s^f}\right)^{\tau}} \quad (13)$$

$$- FK.$$

Der FCF lässt sich Abbildung 5 folgend als

$$FCF_{t_j} = \widehat{EBIT}(1 - \hat{s}) + \widehat{zuA} - \widehat{zuE} - \hat{I} - \Delta \widehat{NWC} \quad (14)$$

ermitteln.[280]

---

[276] Vgl. Damodaran (2012), S. 910.

[277] Vgl. Damodaran (2012), S. 910 f.

[278] Vgl. Moser/Schieszl (2001), S. 533.

[279] Die nachfolgende mathematische Darstellung ist angelehnt an Röber (2013), S. 24 ff.

[280] Die Position „Sonstiges Finanzergebnis" wird hier als nicht vorhanden unterstellt. Der EBIT(1-s) berücksichtigt die Ertragsteuern bei fiktiver reiner Eigenfinanzierung.

Für den $\widehat{EBIT}$, den Steuersatz $\hat{s}$, die zahlungsunwirksamen Aufwendungen $\widehat{zuA}$, die zahlungsunwirksamen Erträge $\widehat{zuE}$, den Saldo aus Investitionsauszahlungen und Einzahlungen aus Desinvestitionen $\hat{I}$ und die Veränderung des Net Working Capital $\Delta\widehat{NWC}$ werden in einzelnen Simulationsschritten Zufallszahlen ermittelt, die sich aus der vorher für die jeweilige Variable festgelegten Wahrscheinlichkeitsverteilung ergeben.[281] t_j gibt die Anzahl der Simulationsschritte an. Hierzu werden die Monte-Carlo-Simulation und mehrere tausend Simulationsschritte verwendet. Die einzelnen Variablen können beliebig weiter aufgespalten werden. So könnte der FCF auch beginnend bei der Modellierung von Wahrscheinlichkeitsverteilungen für Produktpreise, Absatzmenge oder Marktentwicklungen berechnet werden, was jedoch zu deutlich ansteigender Komplexität der Berechnungen führt.[282] Nach m Simulationen kann der FCF nun mittels Gleichung (15) für Jahr t als arithmetisches Mittel der einzelnen Simulationsergebnisse ermittelt werden.

$$\widehat{FCF}_t = \frac{1}{m}\sum_{j=1}^{m} FCF_{t_j} \qquad (15)$$

Ergänzend lassen sich somit problemlos Varianz, Standardfehler und Standardabweichung bestimmen. Die Ermittlung von $\widehat{k_s^f}$ erfolgt von der

---

[281] Mathematisch ist zur Durchführung der anschließenden Monte-Carlo-Simulation zusätzlich noch die Bildung der kumulativen Verteilungsfunktionen erforderlich (vgl. Röber (2013), S. 24).

[282] Vgl. Förster (2011), S. 377; Röber (2013), S. 20. Ferner kann umgekehrt auch eine Vereinfachung erfolgen, indem lediglich der Free Cashflow simuliert wird. Li zeigt diese Vorgehensweise unter Verwendung eines Mean-Reverting-Prozesses (vgl. Li (2003), S. 231 ff.).

Vorgehensweise her analog. Hierbei können die Variablen i, s, $\frac{FK}{GK}$, $\frac{EK}{GK}$ und r_s^f über Wahrscheinlichkeitsverteilungen definiert werden und in die Simulationen einfließen. Wichtig ist die Berücksichtigung von stochastischen Abhängigkeiten einzelner Variablen, beispielsweise der Höhe der Abschreibungen und der Höhe der Investitionen. Diese Abhängigkeiten können jedoch rechnerisch problemlos in die Simulation integriert werden.[283]

5.2.2.2 Fazit

Die Unternehmenswertermittlung auf Basis der Simulation stochastischer Prozesse erhöht das Potenzial des DCF-Verfahrens zur Bewertung junger Unternehmen signifikant. So können mit dieser Technik die unternehmensindividuellen Werttreiber, und so das Geschäftsmodell des Unternehmens, abgebildet werden. Die oft hohen immateriellen Vermögenswerte junger Unternehmen liefern damit einen eindeutigen Wertbeitrag.[284] Neben der Unternehmenswertermittlung liefert die Technik auch einen Beitrag zur wertorientierten Unternehmenssteuerung. So zeigt Pohl, dass ermittelte Unternehmenswertverteilungen stets approximativ normalverteilt sind, was die Anwendung verschiedener Value-At-Risk-Verfahren ermöglicht.[285]

Problematisch im Hinblick auf die Anwendung zur Bewertung junger Unternehmen erscheint die Ableitung von Wahrscheinlichkeitsverteilungen für die einzelnen Variablen. Die Möglichkeiten b. und c. sind aufgrund der mangelnden Datenlage und der oft nur eingeschränkten Vergleichbarkeit mit anderen Unternehmen eher unpraktikabel. Nur die Verwendung von Szenarien scheint die Ermittlung der Verteilungen sinnvoll zu unterstützen.

---

[283] Vgl. Röber (2013), S. 25 f.

[284] Vgl. Moser/Schieszl (2001), S. 530.

[285] Vgl. Pohl (2013), S. 648 f.; zu den Value-at-Risk-Verfahren siehe beispielsweise Jorion (2007), S. 3 ff.

Anstelle von Vergangenheitsdaten könnte die Cashflow-Entwicklung auch abhängig von wirtschaftlichen Indikatoren ermittelt werden.[286] Im Bereich der Kombination stochastischer Unternehmensbewertung und junger Unternehmen ist somit weiterer Forschungsbedarf zu konstatieren.[287]

---

[286] Vgl. Pohl (2013), S. 649 f.
[287] Vgl. auch Pohl (2013), S. 649.

6 Praxistransfer durch die exemplarische Bewertung der Zalando SE

In den vorherigen Kapiteln wurden zunächst Merkmale junger Unternehmen bestimmt. Anschließend folgte die Untersuchung verschiedener Bewertungsverfahren. Hierbei wurde das DCF-Verfahren als geeignetes Verfahren zur Bewertung junger Unternehmen herausgestellt. Darauf aufbauend erfolgte die Erläuterung der Besonderheiten bei Anwendung des DCF-Verfahrens. Insbesondere für die erschwerte Cashflow-Prognose wurden Lösungsansätze ermittelt und bewertet. Das vorliegende Kapitel greift diese Ergebnisse auf und wendet sie im Rahmen einer Fallstudie an.

Diese beinhaltet die Ermittlung eines Unternehmenswertes für die börsennotierte Zalando SE. Anschließend wird dieser Wert mit dem Börsenkurs des Unternehmens verglichen. Die Prognose künftiger Cashflows erfolgt mittels der Szenariotechnik. Übergeordnetes Ziel der Fallstudie ist hierbei die Validierung einer sinnvollen Anwendbarkeit der Kombination beider Techniken.

Die Fallstudie ist zweigeteilt. Die initiale und im Folgenden ausführlich erläuterte Erstellung der Unternehmensbewertung ist bereits per 12.11.2014[288] erfolgt. Hierbei wurde der Unternehmenswert mittels der vorgestellten Vorgehensweise ermittelt und durch den damaligen Börsenkurs validiert. Sämtliche verwendeten Informationen wurden zum damaligen Zeitpunkt erhoben und ausgewertet. Eine Korrektur damaliger Annahmen und Datenvorgaben auf Basis neuerer Erkenntnisse erfolgt bewusst nicht, um den bei einer Unternehmenswertermittlung gewichtigen Einflussfaktor „Subjektivität des Bewertenden" zu erhalten.

Per Ende 2017 und auf Basis der fortgeschrittenen Datenbasis (30.12.2016) erfolgt in Kapitel 6.2 eine abschließende Bewertung der mit Stichtag

---

[288] Beliebig gewählter Stichtag im Zeitraum der Erstellung der Arbeit.

© Springer Fachmedien Wiesbaden GmbH, ein Teil von Springer Nature 2018
M. Smeets, *Besonderheiten bei der Bewertung junger Unternehmen*,
https://doi.org/10.1007/978-3-658-22880-4_6

12.11.2014 durchgeführten Unternehmenswertermittlung im Hinblick auf deren Treffsicherheit und Güte. Hierdurch lässt sich eine zusätzliche Überprüfung der kombinierten Verfahrensweise erzielen.

Grundlegender Unterschied zwischen beiden Betrachtungszeitpunkten ist, dass die Zalando SE zwischen 12.11.2014 und 30.12.2016 die Gewinnschwelle überschritten hat und damit mittlerweile nicht mehr als junges Unternehmen im Sinne der hier verwendeten Definition zählt.[289] Dieser Übergang wurde bereits in der initialen, 2014 durchgeführten Unternehmenswertermittlung antizipiert.

---

[289] Vgl. Kapitel 2.2.

6.1 Stichjahr 2014 – Durchführung der Unternehmenswertermittlung

Die Vorgehensweise in der Unternehmenswertermittlung ist angelehnt an die von Damodaran vorgeschlagene Vorgehensweise zur Bewertung junger Unternehmen mit negativen Erträgen, wenigen historischen Daten und wenigen Vergleichsunternehmen.[290] Sie gliedert sich in sechs, in Abbildung 9 aufgeführte Schritte.

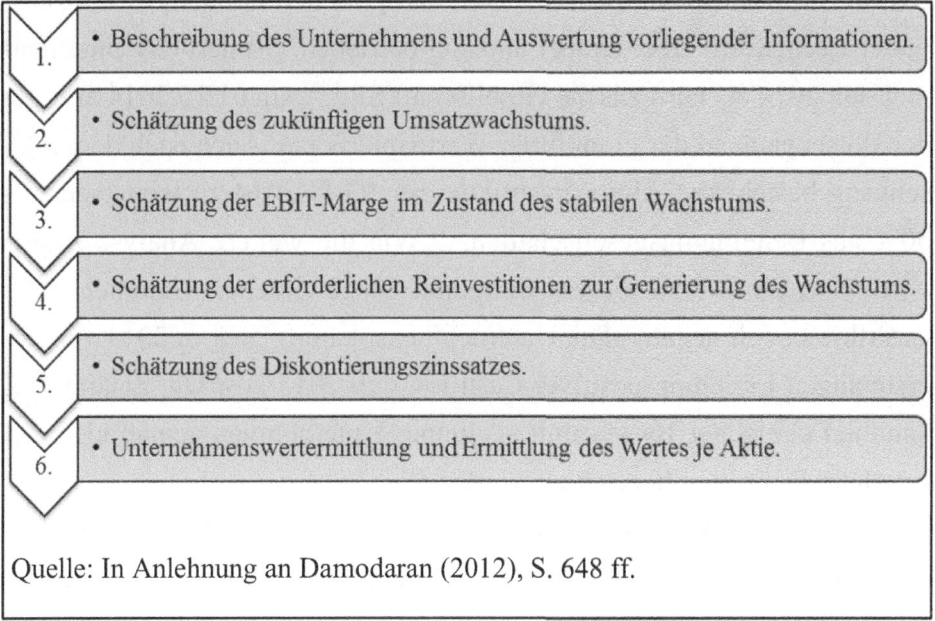

1. • Beschreibung des Unternehmens und Auswertung vorliegender Informationen.

2. • Schätzung des zukünftigen Umsatzwachstums.

3. • Schätzung der EBIT-Marge im Zustand des stabilen Wachstums.

4. • Schätzung der erforderlichen Reinvestitionen zur Generierung des Wachstums.

5. • Schätzung des Diskontierungszinssatzes.

6. • Unternehmenswertermittlung und Ermittlung des Wertes je Aktie.

Quelle: In Anlehnung an Damodaran (2012), S. 648 ff.

Abbildung 9: Vorgehensweise Fallstudie

Die gewählte Vorgehensweise macht eine detaillierte GuV- sowie Bilanzplanung entbehrlich. Dies bietet sich an, da die Bewertung des Unternehmens aus externer Sicht erfolgt und rein auf öffentlich zugänglichen

---

[290] Vgl. Damodaran (2012), S. 648 ff.

Informationen basiert. Nur der Unternehmensleitung bekannte Planungen, die für eine detaillierte GuV- und Bilanzplanung erforderlich wären, liegen nicht vor. Die Berechnung aller Werte erfolgt mittels einer Tabellen-Kalkulation.[291]

6.1.1 Zalando SE und Auswertung vorliegender Daten

Die Zalando SE ist ein 2008 gegründetes Unternehmen mit Hauptsitz in Berlin. Es betreibt Online-Shops für Schuhe, Bekleidung und andere Accessoires in Deutschland und anderen europäischen Ländern.[292] Zunächst in der Rechtsform einer GmbH und AG betrieben, firmiert das Unternehmen seit 2014 als europäische Gesellschaft SE.[293] Am 01.10.2014 erfolgte der Börsengang an der Frankfurter Wertpapierbörse. Auch nach dem Börsengang besteht die Aktionärsstruktur per 03.11.2014 zu weit mehr als 50% aus Beteiligungsgesellschaften.[294] Wie die weitere Analyse zeigen wird, sind die bis zu diesem Zeitpunkt ausgewiesenen Unternehmens-Cashflows noch negativ. Die Unternehmensplanung geht in 2014 von der erstmaligen Erzielung positiver Cashflows ab 2015 aus. Die Zalando SE kann auf damaliger Basis somit als junges Unternehmen gemäß hier verwendeter Definition bezeichnet werden.[295]

Der Bewertungszeitpunkt ist der 12.11.2014. Es sind somit insbesondere Cashflows ab 2015 relevant. Die Bewertung der Zalando SE basiert auf

---

[291] Das verwendete Schema ist hierbei angelehnt an Damodaran (2012), S. 648 ff. Die Microsoft Excel-Kalkulation wird im Anhang ausführlich erläutert.

[292] Investment AB Kinnevik (2012), S. 11; Zalando SE (2014c), S. 2.

[293] Vgl. Zalando SE (2014g), S. 1.

[294] Vgl. Zalando SE (2014h).

[295] Vgl. Kapitel 2.1 und 2.2. Aufgrund der anderen Merkmale der Frühphase und First Stage (Produktionsaufnahme, Markteinführung), kann die Einordnung in diese Phase kritisch hinterfragt werden. Die negativen Cashflows werden hier jedoch als trennscharfes Merkmal gewählt.

den Jahresabschlüssen 2012 und 2013, dem Lagebericht 2013, dem Halb-
jahrespressebericht 1/2014, einem „Factsheet Finanzen", einer Unternehmenspräsentation sowie dem Wertpapierprospekt.[296] Da die Zalando SE
ein börsennotiertes und damit kapitalmarktorientiertes Unternehmen ist,
werden die IFRS-Konzernabschlüsse anstelle einzelner HGB-Abschlüsse
zugrunde gelegt. Die Jahresabschlussdaten sind in für die Bewertung auf-
bereiteter Form in Abbildung 10 dargestellt.

GuV in Mio. €		2011	2012	2013
	Umsatzerlöse	510	1159	1762
-	Umsatzkosten	276	624	1047
-	Vertriebs- und Verwaltungskosten	295	624	839
-	Sonstige Kosten	1	1	3
+	sonstige Erträge	3	6	13
=	EBIT	-59	-84	-114
+	Zinsertrag	0	1	0
-	Zinsaufwand	1	2	3
+	Übriges Finanzergebnis	0	0	-1
=	EBT	-60	-85	-118
-	Steuern vom Einkommen und Ertrag	0	1	-1
=	Periodenergebnis nach Steuern	-60	-86	-117
+	Sonstiges Ergebnis	0	0	0
=	Gesamtergebnis	-60	-86	-117

Bilanz in Mio. €	2011	2012	2013
Aktiva			
Anlagevermögen	24	85	176
Umlaufvermögen	247	740	896
Bilanzsumme	271	825	1072
Passiva			
Eigenkapital	106	458	547
Langfristige Verbindlichkeiten	1	17	29
Kurzfristige Verbindlichkeiten	164	350	496
Bilanzsumme	271	825	1072

Quelle: Eigene Erstellung auf Datenbasis Zalando SE (2013), S. 4 ff.; Zalando
SE (2014a), S. 4 ff.; Zalando SE (2014d), S. 1 ff.

Abbildung 10: Gewinn- und Verlustrechnungen/ Bilanzen Zalando SE[297]

---

[296] Vgl. Zalando SE (2013); Zalando SE (2014a); Zalando SE (2014b); Zalando
SE (2014c); Zalando SE (2014d); Zalando SE (2014e); Zalando SE (2014f).

[297] Aufgrund der Rundung auf Mio. € kann es zu geringfügigen Abweichungen
der Werte kommen.

6.1.2 Schätzung des zukünftigen Umsatzwachstums als verkürzte Szenarioanalyse

Für die Schätzung des Umsatzwachstums wird der Planungszeitraum in zwei Perioden eingeteilt. Für die Detailplanungsperiode werden hierbei – angelehnt an Kapitel 4.2.2 – fünf Jahre unterstellt (2015 bis 2019). Anschließend erfolgt die Bestimmung einer nachhaltigen Wachstumsrate für die Ermittlung des Terminal Value. Der Szenariotechnik folgend, werden drei unterschiedliche Szenarien erstellt, die in Abbildung 11 zu sehen sind.[298] Das Best und das Worst Case-Szenario stellen sinnbildlich die Ränder des Szenario-Trichters dar.[299]

Jahr	Szenario 1 (Best Case)		Szenario 2 (Worst Case)		Szenario 3 (Base Case)	
	Wachstumrate	Umsatz in Mio. €	Wachstumrate	Umsatz in Mio. €	Wachstumrate	Umsatz in Mio. €
2010		159		159		159
2011	220,8%	510	220,8%	510	220,8%	510
2012	127,3%	1159	127,3%	1159	127,3%	1159
2013	52,0%	1762	52,0%	1762	52,0%	1762
2014	29,5%	2282	29,5%	2282	29,5%	2282
2015	20,0%	2738	14,0%	2601	17,0%	2670
2016	18,0%	3231	7,0%	2783	15,0%	3070
2017	16,0%	3748	4,0%	2895	13,0%	3469
2018	14,0%	4273	4,0%	3010	11,0%	3851
2019	12,0%	4785	4,0%	3131	9,5%	4217
TV	11,0%	5312	4,0%	3256	8,0%	4554

Quelle: In Anlehnung an Damodaran (2012), S. 649; Investment AB Kinnevik, (2012), S. 12.

Abbildung 11: Szenarien Zalando SE

Die für 2014 unterstellte Wachstumsrate basiert auf den Halbjahreszahlen per Juni 2014.[300] Die Zalando SE geht in ihrem Lagebericht von einem Wachstum des deutschen und europäischen Online-Handels in Höhe von

---

[298] Vgl. Kapitel 5.2.1.

[299] Vgl. Abbildung 7.

[300] Vgl. Zalando SE (2014c), S. 1 f.

15 – 17% für 2014 aus.[301] Für die Jahre 2015-2018 weist eine Prognose des Europäischen Multi-Channel und Online-Handelsverbands Wachstumsraten in Höhe von 11%, 10%, 9% und 8% aus.[302] Die Branchenprognose der Sparkassen-Finanzgruppe weist für die gesamte Branche des Einzelhandels außerhalb von Verkaufsräumen einen Wert von ca. 4% pro Jahr bis 2016 aus.[303] Im Base Case-Szenario wird eine Entwicklung unterstellt, die zunächst leicht über dem Marktwachstum liegt. Dies impliziert einen weiteren Ausbau des Marktanteils. Im weiteren Verlauf erfolgt die Angleichung an das prognostizierte Marktwachstum in Höhe von 8%, jedoch erst nach 2019. Im Best Case-Szenario wird von einer nachhaltig oberhalb der Prognosen liegenden Entwicklung ausgegangen. Hierbei wird unterstellt, dass die Zalando SE langfristig stärker als ihre Wettbewerber wachsen kann. Im Worst Case-Szenario wird eine deutliche Reduktion der Wachstumsrate unterstellt. Im Zeitraum von 2011 bis 2014 hat sich die Wachstumsrate jedes Jahr im Mittel um 48% reduziert.[304] Hiervon wird für die kommenden Jahre weiterhin ausgegangen, bis in 2017 eine Wachstumsrate gemäß (restriktiver) Branchenprognose in Höhe von 4% erreicht ist. Der Verlauf der einzelnen Wachstumsraten wird hierbei subjektiv geschätzt. An dieser Stelle wäre ein Ansatzpunkt für einen noch detaillierteren Aufbau der Szenarien, wie er in Kapitel 5.2.1 beschrieben ist. So könnten einzelne Werttreiber, wie beispielsweise die Kundenzugriffe über die

---

[301] Vgl. Zalando SE (2014b), S. 7. Sie beruft sich hierbei auf den Handelsverband Deutschland (vgl. HDE Handelsverband Deutschland (2014), S. 8) sowie den Europäischen Multi-Channel und Online-Handelsverband (vgl. Europäischer Multi-Channel und Online-Handelsverband (2014), S. 5).

[302] Vgl. Europäischer Multi-Channel und Online-Handelsverband (2014), S. 5.

[303] Vgl. Deutscher Sparkassen Verlag GmbH (2014a), S. 2.

[304] Vgl. Anhang-Abbildung 1.

Website, identifiziert und ihre Entwicklung beschrieben werden. Anhand der Entwicklung könnten die Szenarien noch detaillierter geplant werden. Auch die Integration von Simulationen stochastischer Entwicklungen der Werttreiber ist möglich.[305] Hierfür wären weitere, insbesondere interne und der Öffentlichkeit nicht zugängliche Unternehmensdaten erforderlich.

6.1.3 Schätzung der EBIT-Marge im Zustand des stabilen Wachstums

Für die Schätzung der nachhaltigen EBIT-Marge wird auf die bestehenden Margen der Branche zurückgegriffen. Der Zentralwert gemäß Branchen-kennzahlen liegt bei 6,5% und stellt die Zielmarge für das Jahr des Termi-nal Value dar.[306] Die Entwicklung dorthin wird subjektiv geschätzt. Auf Basis des Halbjahresergebnisses 2014 kann von einer anfänglichen EBIT-Marge in 2014 in Höhe von ca. 1% ausgegangen werden.[307] Während im Base Case-Szenario von einem Erreichen der Zielmarge ausgegangen wird, unterstellt das Best Case-Szenario mit 8,0% eine leicht über dem Branchenschnitt liegende, das Worst Case-Szenario mit 5,0% hingegen eine leicht unter dem Branchenschnitt liegende Zielmarge.[308]

---

[305] Vgl. Kapitel 5.2.2.

[306] Vgl. Deutscher Sparkassen Verlag GmbH (2014b), S. 2. Es werden repräsen-tative Kennzahlen der gesamten Branche verwendet, da die Kennzahlen der Unternehmen mit einem Jahresumsatz von mehr als 50 Millionen Euro man-gels ausreichender Anzahl vorliegender Jahresabschlüsse alleine nicht reprä-sentativ sind.

[307] Vgl. Zalando SE (2014c), S. 1 f.

[308] Das detaillierte Ermittlungsschema sowie die ermittelten Werte sind in An-hang-Abbildung 2 dargestellt.

6.1.4 Schätzung der erforderlichen Reinvestitionen zur Generierung des Wachstums

Zur Generierung eines nachhaltigen Wachstums sind laufende Reinvestitionen erforderlich. Diese setzen sich zusammen als

$$Reinvestitionen$$
$$= Investitionsauszahlungen$$
$$- Abschreibungen \tag{16}$$
$$+ \Delta Net\ Working\ Capital.\text{[309]}$$

Gleichung (16) beinhaltet bereits drei Positionen des Schemas zur Herleitung des FCF.[310] Die Größe „Reinvestitionen" kann direkt geschätzt werden. In 2012 und 2013 betrugen die Reinvestitionen der Zalando SE im Mittel ca. 8% des Umsatzwachstums. Die SE geht von einem gleichbleibend niedrigen NWC und nur in geringem Umfang erforderlichen Investitionen in den kommenden Jahren aus.[311] Daher werden die Reinvestitionen in den Folgejahren auf 8% des Umsatzwachstums im betrachteten Jahr geschätzt.[312] Die Quote in Höhe von 8% unterstellt eine geringfügige Modifikation der Gleichung (16) und damit des bislang verwendeten Ermittlungsschemas des FCF. Das NWC wird hier um liquide Mittel reduziert.[313] Die Zalando SE wies 2012 nach bisheriger Definition – also ohne Abzug

---

[309] Vgl. Damodaran (2012), S. 652. Der Definition in Kapitel 3.1.1 folgend wird hier die Bezeichnung Net Working Capital anstelle der im Original verwendeten Bezeichnung Working Capital verwendet.

[310] Vgl. Abbildung 5.

[311] Vgl. Anhang 3; Zalando SE (2014d), S. 1 ff.; Zalando SE (2014e), S. 31.

[312] Vgl. zur Reinvestitionsschätzung Anhang-Abbildungen 3, 4 und 5.

[313] In Abbildung 5 ist dieses als Umlaufvermögen abzüglich kurzfristiger Verbindlichkeiten definiert. Diese Korrektur ist durchaus nicht unüblich (vgl. Heesen/Moser (2013), S. 7 ff.).

der liquiden Mittel – einen Anstieg des NWC um 307 Mio. € aus, insbesondere ausgelöst durch einen Anstieg liquider Mittel von 102 Mio. € in 2011 auf 382 Mio. € in 2012.[314] Da die liquiden Mittel in 2013 immer noch vorhanden sind (417 Mio. €), werden diese jedoch hier nicht dem NWC zugerechnet.

6.1.5 Schätzung des Diskontierungszinssatzes

Die Besonderheiten bei der Ermittlung des Diskontierungszinssatzes und die in der Praxis häufig subjektive Schätzung bei der Bewertung junger Unternehmen wurden in Kapitel 4.2.1 erläutert. Zur Ermittlung der Diskontierungszinssätze für die Zalando SE wird hier ebenfalls intuitiv vorgegangen.[315] Ab dem Jahr 2015 weist die Zalando SE voraussichtlich erstmals positive Cashflows aus.[316] Die Jahre 2015 und 2016 würden damit den Übergang von der First Stage in die Expansion Stage kennzeichnen.[317] Aufgrund der europaweiten Expansion wird unterstellt, dass sich die SE tendenziell bereits kurz vor dem Erreichen der Expansion Stage befindet.[318] Aus diesem Grund wird für 2015 und 2016 approximativ der in der Venture Capital/Private Equity-Studie 2004 ermittelte durchschnittliche Zinssatz für die Expansion Stage in Höhe von 25,60% unterstellt. Da bei der Wertermittlung von einer Stabilisierung der Ertragslage ausgegangen wird, sinkt der Zinssatz für 2017 und 2018 weiter auf 17,80%.[319] Für das

---

[314] Vgl. Zalando SE (2014d), S. 4.

[315] Für eine Übersicht über die verwendeten Zinssätze vgl. Anhang-Abbildung 7.

[316] Vgl. Abbildung 12.

[317] Vgl. Abbildung 2.

[318] Vgl. Zalando SE (2014e), S. 6.

[319] Vgl. Achleitner et al. (2004), S. 705. Die 17,8% bilden den Mittelwert in der Bridge-Phase, die gemäß dort gewählter Phasenbezeichnung an die Expansion Stage anschließt. Grundsätzlich kann kritisch hinterfragt werden, ob die Zinssätze auch in jüngerer Zeit noch Gültigkeit besitzen. Aktuellere, weniger

Jahr 2019 sowie für den Terminal Value wird angenommen, dass sich die Kapitalkosten weiter auf 11,90% verringern. Die 11,90% beruhen hierbei auf einer empirischen Analyse von IFRS-Konzernabschlüssen des Jahres 2012 hinsichtlich verwendeter Diskontierungszinssätze. Die Zalando SE wird dabei der Branche „Konsumgüter" (Consumer) zugeordnet.[320]

6.1.6 Unternehmenswertermittlung und Ermittlung des Wertes je Aktie

Bevor der Unternehmenswert ermittelt werden kann, ist zunächst der FCF zu ermitteln. Hierfür wird das in Abbildung 5 dargestellte Schema – ausgehend vom EBIT und um Reinvestitionen ergänzt – verwendet. Die FCF-Ermittlung ist in Abbildung 12 dargestellt.

---

detaillierte Studien weisen jedoch ähnliche Größenordnungen aus (vgl. z.B. Zellmann et al. (2014), S. 36). Von einer detaillierteren Diskussion des Diskontierungszinssatzes sei an dieser Stelle abgesehen.

[320] Vgl. Zwirner (2013), S. 420.

Szenario 1 (Best Case)	2011	2012	2013	2014	2015	2016	2017	2018	2019	TV
EBIT	-59	-84	-114	23	41	97	187	299	383	425
+ Sonstiges Finanzergebnis	0	0	1	0	0	0	0	0	0	0
- Ertragssteuern bei fiktiver Eigenfinanzierung	0	0	0	0	0	0	20	90	116	128
+ Zahlungsunwirksame Aufwendungen	2	6	15							
- Zahlungsunwirksame Erträge	0	0	0	0	0	0	0	0	0	0
- Investitionsauszahlungen abzgl. Einzahlungen aus Desinvestitionen	13	47	74							
+/- Verminderung/Erhöhung Net Working Capital		-27	25							
- geschätzte Reinvestitionen				42	37	39	41	42	41	42
= Free Cashflow		-152	-147	-19	5	58	126	167	226	255
Szenario 2 (Worst Case)	2011	2012	2013	2014	2015	2016	2017	2018	2019	TV
EBIT	-59	-84	-114	23	26	56	87	120	141	163
+ Sonstiges Finanzergebnis	0	0	1	0	0	0	0	0	0	0
- Ertragssteuern bei fiktiver Eigenfinanzierung	0	0	0	0	0	0	0	9	43	49
+ Zahlungsunwirksame Aufwendungen	2	6	15							
- Zahlungsunwirksame Erträge	0	0	0	0	0	0	0	0	0	0
- Investitionsauszahlungen abzgl. Einzahlungen aus Desinvestitionen	13	47	74							
+/- Verminderung/Erhöhung Net Working Capital		-27	25							
- geschätzte Reinvestitionen				42	26	15	9	9	10	10
= Free Cashflow		-152	-147	-19	0	41	78	102	89	104
Szenario 3 (Base Case)	2011	2012	2013	2014	2015	2016	2017	2018	2019	TV
EBIT	-59	-84	-114	23	40	77	121	173	232	296
+ Sonstiges Finanzergebnis	0	0	1	0	0	0	0	0	0	0
- Ertragssteuern bei fiktiver Eigenfinanzierung	0	0	0	0	0	0	0	46	70	89
+ Zahlungsunwirksame Aufwendungen	2	6	15							
- Zahlungsunwirksame Erträge	0	0	0	0	0	0	0	0	0	0
- Investitionsauszahlungen abzgl. Einzahlungen aus Desinvestitionen	13	47	74							
+/- Verminderung/Erhöhung Net Working Capital		-27	25							
- geschätzte Reinvestitionen				42	31	32	32	31	29	27
= Free Cashflow		-152	-147	-19	9	45	89	97	133	180

Quelle: In Anlehnung an Damodaran (2012), S. 652 f.

Abbildung 12: Free Cashflow Zalando SE in Mio. €[321]

---

[321] Aufgrund der durchgängigen Verwendung von auf Mio. € gerundeten Werten können in der Kalkulation geringfügige Rundungsdifferenzen auftreten.

Ein sonstiges Finanzergebnis liegt annahmegemäß nach 2013 nicht mehr vor. Die ermittelten Reinvestitionen beinhalten ab 2014 bereits Investitionsauszahlungen, Abschreibungen und die Veränderung des NWC.[322] Die dunkelgrauen Felder werden im Rahmen der Prognose nicht benötigt. Die Werte für den EBIT und die Ertragssteuern stammen aus der EBIT-Margenschätzung in Anhang-Abbildung 2. Der TV lässt sich unter Berücksichtigung der Wachstumsrate im Nenner für das Best Case-Szenario wie folgt ermitteln:

$$TV = \frac{255}{(0,1190 - 0,11)} = 28.333.\,^{323} \qquad (17)$$

Mittels angepasster Gleichung (1)[324] kann nun der Unternehmenswert ermittelt werden:

$$UW^{FCF} = EK^{FCF}$$

$$= \frac{5}{1,256} + \frac{58}{1,578} + \frac{126}{1,858} + \frac{167}{2,189} \qquad (18)$$

$$+ \frac{226}{2,450} + \frac{28.333}{2,741} - 525 = 10.089.$$

Da kein periodeneinheitlicher Diskontierungszinssatz verwendet wird, sind kumulierte Diskontierungszinssätze zur Abzinsung der FCF und des TV erforderlich.[325] Die Werte für die anderen Szenarien können analog ermittelt werden. Der Eigenkapitalwert im Best Case-Szenario beträgt 10.089 Mio. €, im Worst Case-Szenarios 106 Mio. €. Im Base Case-

---

[322] Vgl. hierzu auch Anhang-Abbildung 11.

[323] Vgl. Damodaran (2012), S. 658; Bausch/Pape (2005), S. 481.

[324] Die Anpassung in der TV-Berechnung wird vorgenommen, da der TV hier bereits ermittelt ist (Gleichung (17)) und nur noch auf den Bewertungszeitpunkt abgezinst werden muss (vgl. Matschke/Brösel (2013), S. 714).

[325] Vgl. Anhang-Abbildung 7.

Szenario beträgt dieser 1.341 Mio. €.[326] Der Mittelwert, und damit der als Ergebnis ermittelte Unternehmenswert, beträgt 3.845 Mio. €, was bei 244.762.223 emittierten Aktien einem Wert je Aktie in Höhe von € 15,71 entspricht.[327] Zum Unternehmenswert können die liquiden Mittel der Zalando SE addiert werden, die per 31.12.2013 417 Mio. € betragen.[328] Hiermit erhöht sich der Unternehmenswert auf 4.262 Mio. €, was einem Wert je Aktie in Höhe von € 17,41 entspricht. Der Börsenkurs der Aktie der Zalando SE liegt per 12.11.2014 bei € 18,30 und damit € 0,89 über dem ermittelten Stichtagswert je Aktie.[329] Der ermittelte Wert befindet sich folglich in der Nähe des Marktwertes und erscheint plausibel.[330] Somit erlaubt die DCF-Methode in Verbindung mit der Szenariotechnik augenscheinlich die Ermittlung eines plausiblen Unternehmenswertes.[331]

---

[326] Vgl. Anhang-Abbildung 12.

[327] Vgl. Zalando SE (2014i); Kapitel 5.2.1.1; Damodaran (2012), S. 658 f.

[328] Vgl. Damodaran (2012), S. 658; Zalando SE (2014d), S. 4. Ggf. im Rahmen des Börsengangs entstandene liquide Mittel sind bislang nicht ausgewiesen und bleiben unberücksichtigt.

[329] Vgl. finanzen.net (2014).

[330] Da Börsenkurse von diversen Faktoren abhängen, sollten diese nur zu Plausibilitätskontrollen von Unternehmensbewertungen verwendet werden (vgl. Institut der Wirtschaftsprüfer in Deutschland e.V. (Hrsg.) (2014), Tz. A 41 ff./ S. 12 f.).

[331] Würde ein Umsatzmultiplikator der Handels- und E-Commerce-Branche in Höhe von 0,47 mit dem Plan-Umsatz in 2014 in Höhe von 2.282 Mio. € multipliziert werden, läge der Unternehmenswert bei ca. 1.073 Mio. €, was einem theoretischen Aktienkurs in Höhe von € 4,38 entspräche. Dieser läge deutlich unterhalb des derzeitigen Marktwertes und wäre kritisch zu hinterfragen. Dies verdeutlicht die in Kapitel 3.2.2 angesprochene Problematik der fehlenden Vergleichbarkeit junger Unternehmen (vgl. Finance-Magazin (2014), S. 80).

Bei genauer Betrachtung der Wachstumsraten werden außerdem drei Dinge deutlich. Erstens wird der hohe Anteil des Terminal Value am Unternehmenswert sichtbar. Dieser beträgt im Best Case-Szenario 97%, im Worst Case-Szenario 76%, und im Base-Case-Szenario 90%.[332] Diese Werte sind jedoch bei jungen Unternehmen mit anfangs negativen Cashflows nicht unüblich.[333] Zweitens wird bei Variation der Wachstumsrate die sensible Reaktion des Unternehmenswertes deutlich. In Abbildung 13 ist dies beispielhaft für den mittels des Best Case-Szenarios ermittelten Eigenkapitalwert dargestellt. Zur Ermittlung der Werte erfolgt ausschließlich eine Veränderung der Wachstumsrate. Alle anderen Parameter bleiben konstant. Je stärker sich die Wachstumsrate dem verwendeten Diskontierungszinssatz nähert, desto stärker sind die Auswirkungen einer Veränderung um 1%-Punkt. Dieser Zusammenhang ist auch im Nenner von Gleichung (17) leicht erkennbar.[334]

Wachstumsrate	Eigenkapitalwert in Mio. €
11%	10.089
10%	4.667
9%	2.986
8%	2.165

Quelle: Eigene Erstellung auf Datenbasis der Ergebnisse des Kapitel 6.

Abbildung 13: Variation der Wachstumsrate im TV

---

[332] Vgl. Anhang-Abbildung 12.

[333] Vgl. Kapitel 4.2.2.

[334] Vgl. zur Auswirkung der Wachstumsrate auf den Unternehmenswert auch Bausch/Pape (2005), S. 481.

Dies unterstreicht aber noch nicht, dass die Prognose der künftigen Unternehmensentwicklung mehr Bedeutung besitzt, als die Ermittlung des richtigen Diskontierungszinssatzes. Schließlich kann argumentiert werden, dass die Veränderung des Diskontierungszinssatzes in die eine Richtung ähnliche Auswirkungen auf den Unternehmenswert besitzt wie eine Veränderung der Wachstumsrate in gleicher Höhe in die andere Richtung.[335] Jedoch beinhaltet die Prognose der künftigen Unternehmensentwicklung mehr als nur die Ermittlung eines einzelnen Wertes, wie es beim Diskontierungszinssatz der Fall ist. Für die Prognose sind Szenarien zu generieren, die neben der Wachstumsrate auch beispielsweise EBIT-Margen liefern.[336] Somit werden hier gleich mehrere Größen geschätzt – eine Fehleinschätzung kann daher deutlich größere Auswirkungen besitzen, als eine falsche Annahme bezüglich des Diskontierungszinssatzes. Drittens führt die Verwendung von Szenarien zu einer Harmonisierung der berechneten Werte und kann damit den Einfluss möglicher Fehlbewertungen reduzieren. Dies wird bei Betrachtung des im Best Case-Szenarios ermittelten Unternehmenswertes in Höhe von 10.089 Mio. € deutlich. Dieser liegt weit oberhalb der beiden anderen Werte (106 Mio. € und 1.341 Mio. €).[337] Wäre der Best Case-Wert fehlerhaft ermittelt worden, würden die beiden anderen Werte den Einfluss des Fehlers durch die Mittelwertbildung verringern.

Ferner wird anhand der gesamten Fallstudie deutlich, wie sehr das Bewertungsergebnis von der Person des Bewertenden abhängt.[338] Durch die bei

---

[335] Vgl. Nenner in Gleichung (17). Im Gegensatz zur Veränderung des Diskontierungszinssatzes verändern sich bei Änderung der Wachstumsrate jedoch auch die Planumsätze und damit der FCF.

[336] Vgl. auch Kapitel 5.2.1 und Anhang-Abbildung 2.

[337] Vgl. Anhang-Abbildung 12.

[338] Vgl. hierzu auch Hayn (1998), S. 445, der den Bewertenden als bedeutendsten Werttreiber bezeichnet.

jungen Unternehmen erforderliche intuitive Vorgehensweise[339], kann der Bewertende nahezu jeden Parameter beliebig beeinflussen. Die Szenariotechnik mildert das damit verbundene Risiko jedoch durch die beschriebene intensive Auseinandersetzung mit einer großen Zahl möglicher Zukunftsentwicklungen ab.[340]

Basierend auf den Ergebnissen der durchgeführten Unternehmensbewertung und vor dem Hintergrund der Zielsetzung der Validierung der sinnvollen Anwendbarkeit der Verfahrenskombination, lässt sich abschließend zum einen festhalten, dass das DCF-Verfahren bei angemessener Praktikabilität plausible Unternehmenswerte liefert. Zum anderen lässt sich festhalten, dass die richtige Prognose der künftigen Unternehmensentwicklung, der Wachstumsraten und damit der künftigen Cashflows von immenser Bedeutung für die Ermittlung des Wertes junger Unternehmen ist. Die Ergebnisse der Bewertung der Zalando SE unterstreichen damit bis hierhin die theoretischen Untersuchungsergebnisse dieser Arbeit.

---

[339] Vgl. Kapitel 5.
[340] Vgl. Kapitel 5.2.1.1.

6.2 Stichjahr 2016 – Überprüfung der Unternehmenswertermittlung

Die Überprüfung der per 12.11.2014 durchgeführten Unternehmensbewertung erfolgt in zwei Schritten. Erstens werden in Kapitel 6.2.1 ursprüngliche Annahmen mit den tatsächlichen Jahresabschlusszahlen der Zalando SE per 2014, 2015 und 2016 verglichen. In einem zweiten Schritt wird der in der Bewertung ermittelte Unternehmenswert mit dem Unternehmenswert per 30.12.2016 verglichen und interpretiert – Kapitel 6.2.2.

6.2.1 Vergleich Annahmen und Jahresabschlusszahlen

Abbildung 14 zeigt den Vergleich der für 2014, 2015 und 2016 in der ursprünglichen Bewertung getroffenen Annahmen mit den tatsächlichen IST-Werten der Zalando SE.[341] Hierbei wird zunächst das Base Case-Szenario herangezogen. Anschließend folgt ein Vergleich mit dem Best Case-Szenario.

Das Umsatzwachstum in den Jahren 2015 und 2016 lag 16,6% und 8,0%-Punkte über dem prognostizierten. Die entsprechenden Umsatzerlöse 2015 und 2016 lagen 288 und 569 Mio. € über den prognostizierten Werten. Die EBIT-Werte überschritten die Prognose sogar um mehr als das Doppelte. Eine 2016 und 2015 ungefähr doppelt so große EBIT-Marge, wie prognostiziert, lässt vermuten, dass die Zalando SE die Umsatzsteigerung nicht zulasten einer Kostenerhöhung oder Margenverkleinerung betrieben hat.

---

[341] Vgl. zu den Ursprungsannahmen Kapitel 6.1.

Base Case	IST			Differenz zu Ursprungsannahmen		
Jahr	2014	2015	2016	Differenz 2014	Differenz 2015	Differenz 2016
Umsatz	2214	2958	3639	-68	288	569
Umsatzwachstum	25,7%	33,6%	23,0%	-3,8%	16,6%	8,0%
EBIT	62	90	207	39	49	110
EBIT-Marge	2,8%	3,0%	5,7%	1,8%	1,5%	2,5%
Gesamtergebnis	47	122	121	24	82	44

Quelle: Eigene Erstellung auf Datenbasis Zalando SE (2015); Zalando SE (2016) und Zalando SE (2017a) sowie Kapitel 6.1.

Abbildung 14: Vergleich Annahmen Base Case mit IST-Werten

Bis hierhin lässt sich festhalten, dass die Unternehmensentwicklung der Zalando SE positiver verlaufen ist, als in der ursprünglichen Bewertung angenommen.

Vergleicht man abschließend – in Abbildung 15 dargestellt – die Prognose des Best Case-Szenarios mit den tatsächlichen Werten, so zeigt sich nach wie vor eine signifikant positive, wenn auch im Vergleich zum Base Case-Szenario geringere Abweichung der tatsächlichen Werte.[342]

Best Case	IST			Differenz zu Ursprungsannahmen		
Jahr	2014	2015	2016	Differenz 2014	Differenz 2015	Differenz 2016
Umsatz	2214	2958	3639	-68	220	408
Umsatzwachstum	25,7%	33,6%	23,0%	-3,8%	13,6%	5,0%
EBIT	62	90	207	39	49	110
EBIT-Marge	2,8%	3,0%	5,7%	1,8%	1,5%	2,7%
Gesamtergebnis	47	122	121	24	81	24

Quelle: Eigene Erstellung auf Datenbasis Zalando SE (2015); Zalando SE (2016) und Zalando SE (2017a) sowie Kapitel 6.1.

Abbildung 15: Vergleich Annahmen Best Case mit IST-Werten

---

[342] Vgl. zu den Ursprungsannahmen Kapitel 6.1.

6.2.2 Vergleich der Unternehmenswerte

Der in der ursprünglichen Bewertung ermittelte mittlere Unternehmenswert lag bei 4.262 Mio. €. Der für das Best Case-Szenario ermittelte lag bei 10.506 Mio. € (unter Berücksichtigung der liquiden Mittel i.H.v. 417 Mio. € per 31.12.2013).[343]

Um die Vergleichbarkeit mit dem Überprüfungszeitpunkt 30.12.2016 herzustellen, sind diese Werte zunächst bis zum 30.12.2016 aufzuzinsen. Der Zeitraum beträgt ca. 25 Monate (12.11.2014 bis 30.12.2016). Die Zalando SE ist im MDAX notiert, weshalb dessen durchschnittliche prozentuale Kursentwicklung hier näherungsweise als Zinssatz zur Aufzinsung verwendet wird.[344] Diese liegt seit 1997 bei 7,1% p.a.[345] Hieraus ergeben sich 4.939 Mio. € für den mittleren Unternehmenswert sowie 12.176 Mio. € für den Unternehmenswert im Best Case-Szenario – jeweils zum Betrachtungszeitpunkt 30.12.2016.[346] Diese Werte werden im Folgenden verwendet.

Als Vergleichswert wird nun die Marktbewertung der Zalando SE per 30.12.2016 herangezogen. Zu diesem Stichtag besteht das Grundkapital

---

[343] Vgl. Kapitel 6.1.

[344] Vgl. onvista.de (2017b). Der hier verwendete Zinssatz kann kritisch diskutiert werden. Zur Aufzinsung kämen auch verschiedene andere Zinssätze in Betracht, bspw. Zinssätze für risikolose Geldanlagen, ggf. ergänzt um Risikoprämien, andere Indizes, etc. Dennoch scheint der Referenzindex die geeignetste Quelle für die Rendite einer vergleichbaren Anlage zu sein.

[345] Vgl. boerse.de (2018). Dies bedeutet, wer 1997 in den MDAX investiert hat, erzielte bis 2016 eine Rendite von 7,1% p.a. Die durchschnittliche monatliche Rendite beträgt (vereinfachend durch einfache Division): $\frac{7,1}{12} = 0,5917\%$.

[346] Rechenwege (es wird vereinfachend von einer monatlichen Zinszahlung ausgegangen): $4.262 \cdot (1 + 0,005917)^{25} = 4.939$ und $10.506 \cdot (1 + 0,005917)^{25} = 12.176$.

der Zalando SE aus 247.255.868 emittierte Aktien.[347] Bei einem Stichtags-
kurs (30.12.2016) in Höhe von 36,29 € würde dies einem Eigenkapitalwert
von rund 8.973 Mio. € entsprechen. Der durch den Markt zugestandene
Wert des Unternehmens läge damit 4.034 Mio. € (81,68%) über dem ermittelten mittleren Wert per 12.11.2014. Hingegen läge der tatsächliche
Wert 3.203 Mio. € (26,31%) unterhalb des ursprünglichen Wertes im Best
Case-Szenario.

Insbesondere im Verhältnis zum ursprünglich prognostizierten mittleren
Unternehmenswert erscheint dieses Ergebnis unverhältnismäßig hoch. Bei
der angewandten Vorgehensweise wurde eine Bereinigung um Kursge-
winne oder -verluste, die auf die allgemeine Marktentwicklung – also auch
mögliche Über- oder Untertreibungen der Marktteilnehmer – zurückzufüh-
ren sind, jedoch noch nicht berücksichtigt. Um eine solche Bereinigung
durchzuführen, wird im Folgenden die prozentuale Entwicklung des Referenzindex MDAX vom 12.11.2014 bis 30.12.2016 ermittelt. Anschließend
erfolgt eine Kursbereinigung der Aktie der Zalando SE um den ermittelten,
überhöhten Kursanstieg oder -rückgang des Referenzindex.

Im Zeitraum 12.11.2014 bis 30.12.2016 hat sich der Kurs des MDAX um
37,33% von 16.157,12 Punkte auf 22.188,94 Punkte erhöht.[348] Bei der bekannten durchschnittlichen Entwicklung des MDAX seit 1997 um 7,1%
p.a. kann hier von einer überhöhten Entwicklung über den langfristigen
Durchschnitt hinaus ausgegangen werden. Diese beträgt in den ca. 25

---

[347] Vgl. Zalando SE (2017b). Zum Zeitpunkt der ursprünglichen Unternehmensbewertung betrug die Anzahl emittierter Aktien 244.762.223 (vgl. Kapitel 6.1).
Die Effekte aus diesen hierhinter stehenden Kapitalerhöhungen bleiben aufgrund ihrer Geringfügigkeit hier unberücksichtigt (vgl. zum genehmigten und
bedingten Kapital Zalando SE (2017a), S. 172 ff.).

[348] Vgl. onvista.de (2017a), jeweils Tagesschlusskurse.

Monaten 22,54%-Punkte[349] Hieraus folgt eine Bereinigung des Aktienkurses der Zalando SE per 30.12.2016 von 36,29 € auf 29,61 €.[350]

Die Differenz aus bereinigtem Aktienkurs der Zalando SE per 30.12.2016 und rechnerischem Kurs der Zalando SE per 12.11.2014 beträgt damit 12,20 €.[351] Dies entspricht einem um sonstige Markteffekte bereinigten Kursanstieg der Zalando SE – und damit einem bereinigten Wachstum des rechnerischen Eigenkapitalwertes auf Basis der Börsenbewertung – in Höhe von 70,07%. Dieser Wert liegt deutlich oberhalb des prognostizierten Wachstums von in Summe 34,55% für 2015 und 2016 und damit den Betrachtungszeitraum.[352]

Der bereinigte Marktwert der Zalando SE per 30.12.2016 liegt bei einem ermittelten Kurs von 29,61 € und 247.255.868 emittierten Aktien bei 7.321 Mio. €. Dieser Wert liegt 2.382 Mio. € und 48,23% über dem Ende 2014 ermittelten rechnerischen mittleren Unternehmenswert in Höhe von 4.939 Mio. €.

---

[349] Rechenwege: Tatsächliche monatliche Kursentwicklung (vereinfachend durch einfache Division) $\frac{37,33}{25} = 1,4932\%$. Tatsächliche durchschnittliche monatliche Kursentwicklung – s.o. – (ebenfalls vereinfachend durch einfache Division): $\frac{7,1}{12} = 0,5917\%$. Hieraus ergibt sich eine überhöhte Entwicklung in Höhe von $1,4932 - 0,5917 = 0,9015$ und damit $0,9015\% \cdot 25$ Monate $= 22,5375\%$ (auch hier vereinfachend ohne Berücksichtigung möglicher Zinseszinseffekte u.ä.).

[350] Rechenweg: $\frac{(100 \cdot 36,29)}{(100+22,54)} = 29,61$.

[351] Rechnerischer Kurs per 12.11.2014, siehe oben: 17,41 €.

[352] 2015 lag das erwartete Wachstum im Base Case-Szenario bei 17%, 2016 bei 15% (vgl. Abbildung 11). Dies entspricht kumuliert $(1 + 0,17) * (1 + 0,15) = 1,3455$.

7 Fazit

Die Zielsetzung der durchgeführten Untersuchung war zweigeteilt und bestand zunächst in der Analyse, welches Bewertungsverfahren sich am besten zur Bewertung junger Unternehmen eignet. Nach einem Vergleich möglicher Verfahren hat Kapitel 3.3 herausgestellt, dass die in der Regel einzige nachhaltige Problematik bei der Bewertung junger Unternehmen mittels des DCF-Verfahrens die Prognose der zukünftigen Unternehmensentwicklung ist. Da dieser mit geeigneten Methoden begegnet werden kann, erscheint das DCF-Verfahren als theoretisch fundiertes Verfahren am besten zur Bewertung junger Unternehmen geeignet. Kritisch abzuwägen und subjektiv zu entscheiden ist hierbei, ob der Mehraufwand, der beispielsweise einer schnellen und einfachen Anwendung eines einzelnen Multiplikators gegenübersteht, in Kauf genommen wird.

Zweite Zielsetzung war die Bestimmung einer Technik, die möglichst zutreffende Eingangsgrößen für die Unternehmensbewertung mittels des präferierten Verfahrens liefert. In Kapitel 4 wurden daher zunächst die Besonderheiten bei der Anwendung des DCF-Verfahrens im Hinblick auf junge Unternehmen untersucht. Die zwei wichtigsten Besonderheiten sind die erschwerte Ermittlung des passenden Diskontierungszinssatzes sowie die erschwerte Prognose der künftigen Unternehmensentwicklung und damit der Cashflows – beides Eingangsgrößen des DCF-Verfahrens. Der Prognose der Cashflows kommt hierbei die größte Bedeutung zu. Aus diesem Grund wurden in Kapitel 5 mögliche Lösungsansätze zur Ermittlung einer zutreffenden Prognose untersucht. Den wohl besten Lösungsansatz stellt die Szenariotechnik dar. Mit dieser kann eine transparente Darstellung möglicher zukünftiger Entwicklungen erfolgen. Abzuwägen ist hierbei zwischen Detailtiefe der Szenarien und damit entstehendem Aufwand und dem Nutzenzuwachs. Die alternative Simulation stochastischer Prozesse erscheint aufgrund der aufgeführten Kritik nicht als alleinige Prognosetechnik sinnvoll.

© Springer Fachmedien Wiesbaden GmbH, ein Teil von Springer Nature 2018
M. Smeets, *Besonderheiten bei der Bewertung junger Unternehmen*,
https://doi.org/10.1007/978-3-658-22880-4_7

Gegebenenfalls kann diese Technik jedoch als Ergänzung zur Szenariotechnik bei der Ermittlung einzelner Variablenausprägungen verwendet
werden und damit innerhalb des Rahmenkonzepts der Szenariotechnik
agieren. Hierin besteht ein Ansatzpunkt für weitere Untersuchungen.

Die abschließende Bewertung der Zalando SE hat die Ergebnisse der Arbeit bis hierhin zusammengeführt. Mittels des DCF-Verfahrens und unter
Anwendung der Szenariotechnik wurde ein Unternehmenswert ermittelt,
der nur leicht unterhalb des Börsenwertes per 12.11.2014 liegt. Die Untersuchung der Zalando SE hat bestätigt, dass insbesondere der Prognose der
künftigen Wachstumsraten und Gewinnmargen und damit des Cashflows
große Bedeutung zukommt, da hier diverse Einflussfaktoren zu ermitteln,
zu bewerten und zu prognostizieren sind. Das Ergebnis unterstreicht damit
die in Kapitel 4.3 getroffene Aussage, dass die Prognose künftiger Cashflows bzw. deren Wachstumsrate das zentrale Problem bei der Bewertung
junger Unternehmen darstellt.

Kombiniert mit der Szenariotechnik stellt die Bewertung junger Unternehmen mittels des DCF-Verfahrens somit eine theoretisch fundierte Methode
dar, die den Bewertenden dazu verpflichtet, sich detailliert mit der Zukunft
auseinanderzusetzen und alle zum Bewertungszeitpunkt erkennbaren Einflussfaktoren zu berücksichtigen. Schlussfolgernd bis hierhin wird diese
kombinierte Anwendung zur Bewertung junger Unternehmen befürwortet.
Dennoch gilt es zum einen, die Subjektivität des Bewertenden bei Anwendung intuitiver Prognosetechniken kritisch zu betrachten. Zum anderen
sind zusätzlicher Aufwand bei steigender Detailtreue der Prognose sowie
hieraus resultierender Mehrwert in ein angemessenes Verhältnis zueinander zu setzen.

Zunächst kann durch die rückblickende Überprüfung in Kapitel 6.2 die
Vermutung entstehen, dass die in der ursprünglichen Bewertung verwen-
deten Annahmen zu restriktiv gewählt worden seien, da der bereinigte
(Markt-)Wert per 30.12.2016 um 48,23% oberhalb des am 12.11.2014

ermittelten Unternehmenswertes liegt. Die wirtschaftliche Entwicklung des Unternehmens ist – auf Grundlage der Konzernabschlüsse – positiver verlaufen, als prognostiziert. Finden jedoch die zum Bewertungszeitpunkt noch negativen Cashflows, das jüngere Unternehmensalter, die geringere Datenbasis und die damit einhergehende höhere Unsicherheit Berücksichtigung, so erscheint die zum ursprünglichen Bewertungszeitpunkt niedrigere Bewertung aus heutiger Sicht keineswegs verwunderlich.[353]

Entscheidend für die Ermittlung eines zutreffenden Unternehmenswertes ist schlussendlich die Szenariogestaltung bzw. die Gewichtung der einzelnen Szenarien untereinander.[354]

Die Analyseergebnisse legen ferner nahe, dass der Markt der Zalando SE eine langfristig hohe Wachstumsrate beimisst – auch wenn diese nicht eindeutig bestimmt werden kann. Hierfür spricht auch das mit 6,37 per

---

[353] Vgl. hierzu auch Gleißner (2005), S. 220, Fußnote 23. Dieser spricht von einem „[…] rückblickend ‚quasi risikofreie[n]‘ Bild […]“, da am Ende einer Betrachtungsperiode immer bekannt ist, ob prognostizierte Risiken eingetreten sind oder nicht. Im Falle der Zalando SE kann aufgrund des fortgeschrittenen Unternehmensalters und dem Überschreiten der Gewinnschwelle davon ausgegangen werden, dass die Risiken per 30.12.2016 marktseitig grundsätzlich geringer eingeschätzt wurden, als noch zum Zeitpunkt der ursprünglichen Bewertung.

[354] Ursächlich für die Wertdifferenz zwischen Base Case- und Best Case-Szenario sind weniger die besseren Prognosen für EBIT-Zahlen oder Gesamtergebnisse. Diese machen nur einen marginalen Anteil des gesamten Unternehmenswertes aus. Vielmehr bildet die langfristige (unendliche) Wachstumsrate, die den Free Cashflow des Terminal Value diskontiert, die Ursache für die große Abweichung. Sie liegt im Base Case-Szenario bei 8%, im Best Case-Szenario hingegen bei 11% (vgl. Abbildung 11).

31.12.2016 verhältnismäßig hohe Kurs-Buchwert-Verhältnis [355] der Zalando SE.[356]

Abschließend soll noch einmal die zielführende Anwendbarkeit einer Kombination aus DCF-Methode und Szenarioanalyse betont werden. Diese fördert – auch und insbesondere im Vergleich zu anderen, häufig bei jungen Unternehmen verwendeten Methoden wie der VC-Methode – die intensive Beschäftigung des Bewertenden mit dem Unternehmen und seinen (finanz-)wirtschaftlichen Zusammenhängen. Hierdurch lässt sich eine Verringerung der Subjektivität in der Bewertung sowie in der Abhängigkeit vom Markt, wie es bei Multiplikator-Verfahren der Fall ist, erzielen.

Wie die Fallstudie zeigt, entscheidet bei Anwendung der kombinierten Methodik insbesondere die Gewichtung der aufgestellten Szenarien über die rückblickende Richtigkeit[357] des ermittelten Unternehmenswertes. Innerhalb der Szenarien ist es die Wahl der langfristig erwarteten

---

[355] Das Kurs-Buchwert-Verhältnis (KBV oder auch Marktwert-Buchwert-Verhältnis) setzt den Kurs bzw. Marktwert je Aktie in das Verhältnis zum Buchwert bzw. Eigenkapital je Aktie (vgl. Opresnik/Rennhak (2015), S. 149). Ein KBV von 1 bedeutet somit, dass Marktwert und Buchwert übereinstimmen. Das Eigenkapital zu Buchwerten kann entsprechend auch mit einem Faktor > 1 oder < 1 durch den Markt bewertet werden.

[356] Vgl. onvista.de (2017b). Der Mittelwert des arithmetischen Mittels der KBVs der letzten zehn Jahre, basierend auf den Jahresschlusskursen der DAX-Einzelwerte, liegt bei 2,40 und damit deutlich unter dem KBV der Zalando SE (vgl. Börsengeflüster (2017)).

[357] Wie die gesamte Diskussion bis hierhin gezeigt hat, kann im Falle einer Unternehmensbewertung grundsätzlich nicht von dem einen, richtigen Unternehmenswert gesprochen werden. Vielmehr ist hier als Vergleichskriterium ein Wert gemeint, der beispielsweise auf Basis des Marktwertes des Eigenkapitals zu einem bestimmten Stichtag ermittelt werden kann.

Wachstumsrate, die maßgeblich über den endgültigen Unternehmenswert entscheidet.[358]

---

[358] Vgl. auch Abbildung 13.

Literaturverzeichnis

Achleitner (2001)

Achleitner, A.-K.: Start-up-Unternehmen: Bewertung mit der Venture-Capital-Methode, in: Betriebs Berater 18 (2001), S. 927-933.

Achleitner/Nathusius (2003)

Achleitner, A.-K./Nathusius E.: Bewertung von Unternehmen bei Venture-Capital-Finanzierungen, in: TUM EF Working Paper Series 02-03 (2003), S. 1-20.

Achleitner/Nathusius (2005)

Achleitner, A.-K./Nathusius E.: First-Chicago-Methode - Alternativer Ansatz zur Bewertung von innovativen Unternehmensgründungen bei Venture-Capital-Finanzierungen, in: BFuP 4 (2005), S. 333-347.

Achleitner et al. (2004)

Achleitner, A.-K./Zelger, H./Beyer, S./Müller, K.: Venture Capital/Private-Equity-Studie 2004: Company-(E)valuation und EVCA Valuation Guidelines - Bestandsaufnahme der Unternehmensbewertungspraxis von Beteiligungskapitalgesellschaften, in: Finanz Betrieb 10 (2004), S. 701-709.

Adams/Rudolf (2009)

Adams, M./ Rudolf, M.: Unternehmensbewertung auf Basis von Realoptionen. Der Wert unternehmerischer Flexibilität, in: Schacht, U./Fackler, M. (Hrsg.): Praxishandbuch Unternehmensbewertung. Grundlagen, Methoden, Fallbeispiele, 2. Aufl. Wiesbaden 2009, S. 359-381.

© Springer Fachmedien Wiesbaden GmbH, ein Teil von Springer Nature 2018
M. Smeets, *Besonderheiten bei der Bewertung junger Unternehmen*,
https://doi.org/10.1007/978-3-658-22880-4

Albrecht (2004)

Albrecht, T.: Überlegungen zur Endwertermittlung und Wachstumsab-schlag, in: Finanz Betrieb 11 (2004), S. 732-740.

Alvano (1988)

Alvano, W.: Unternehmensbewertung auf der Grundlage der Unterneh-mensplanung. Köln 1988.

Ballwieser/Hachmeister (2013):

Ballwieser, W./Hachmeister, D.: Unternehmensbewertung. Prozess, Me-thoden und Probleme, 4. Aufl. Stuttgart 2013.

Bausch (2000)

Bausch, A.: Die Multiplikator-Methode, in: Finanz Betrieb 7 (2000), S.448-459.

Bausch/Pape (2005):

Bausch, A./Pape, U.: Ermittlung von Restwerten – eine vergleichende Ge-genüberstellung von Ausstiegs- und Fortführungswerten, in: Finanz Be-trieb 7-8 (2005), S. 474-484.

Black/Scholes (1973)

Black, F./Scholes, M.: The Pricing of Options and Corporate Liabilities, in: Journal of Political Economy, 3 (1973), S. 637-654.

Blaschke (2009)

Blaschke, T.: Cashflow im Jahresabschluss als Basis der Unternehmensbe-wertung, in: Schacht, U./Fackler, M. (Hrsg.): Praxishandbuch Unterneh-mensbewertung. Grundlagen, Methoden, Fallbeispiele, 2. Aufl. Wiesbaden 2009, S. 81-106.

Boerse.de (2018)

Boerse.de: Performance MDAX, https://www.boerse.de/performance/MDax/DE0008467416, Zugriff am 28.04.2018.

Börsengeflüster (2017)

Börsengeflüster.de: Dax. 10-Jahres-Durchschnitte für KGV, KBV und Dividende, http://boersengefluester.de/10-jahres-durchschnitt-kgv-kbvdividendenrendite/, Zugriff am 28.10.2017.

Carhart (1997)

Carhart, M: On Persistence in Mutual Fund Performance, in The Journal of Finance 1 (1997), S. 57-82.

Coenenberg/Schultze (2002a)

Coenenberg, A/Schultze W.: Das Multiplikatorverfahren in der Unternehmensbewertung: Konzeption und Kritik, in: Finanz Betrieb 12 (2002), S. 697-703.

Coenenberg/Schultze (2002b)

Coenenberg, A/Schultze W.: Unternehmensbewertung: Konzeptionen und Perspektiven, in DBW 6 (2002), S. 597-621.

Copeland et al. (2002)

Copeland, T./Koller, T./Murrin J./McKinsey & Company: Unternehmenswert. Methoden und Strategien für eine wertorientierte Unternehmensführung, 3. Aufl. Frankfurt a.M. 2002.

Cox et al. (1979)

Option pricing: A simplified Approach, in: Journal of Financial Economics 3 (1979), S. 229-263.

Damodaran (1999)

Damodaran, A.: The Dark Side of Valuation: Firms with no Earnings, no History and no Comparables, Working Paper FIN-99-022, New York Stern School of Business 2014.

Damodaran (2010):

Damodaran, A.: The Dark Side of Valuation. Valuing Young, Distressed, and Complex Businesses, 2. Aufl. New Jersey 2010.

Damodaran (2012):

Damodaran, A: Investment Valuation. Tools and Techniques for Determining the Value of Any Asset. 3. Aufl. New Jersey 2012.

Dapena (2003)

Dapena, J.: On the Valuation of Companies with Growth Opportunities, in: Journal of Applied Economics 1 (2003), S. 49-72.

Deutscher Sparkassen Verlag GmbH (2014a)

Deutscher Sparkassen Verlag GmbH: Branchenprognose/WZ 47.9/Bund. Einzelhandel, nicht in Verkaufsräumen, an Verkaufsständen oder auf Märkten, Stand 10/2014.

Deutscher Sparkassen Verlag GmbH (2014b)

Deutscher Sparkassen Verlag GmbH: Branchen-Kennzahlen/WZ 47.91.1/Bund. Versand- und Internet-Einzelhandel mit Textilien, Bekleidung, Schuhen und Lederwaren, Stand 11/2014.

Drukarczyk/Schüler (2009)

Drukarczyk J./ Schüler A.: Unternehmensbewertung, 6. Aufl. München 2009.

Eckstein (2014)

Eckstein, P: Statistik für Wirtschaftswissenschaftler. Eine realdatenbasierte Einführung mit SPSS, 4. Aufl. Wiesbaden 2014.

Ehrhardt/Merlaud (2004)

Ehrhardt, O./Merlaud, V.: Bewertung von Wachstumsunternehmen mit der DCF-Methode und dem Schwartz/Moon-Realoptionsmodell - Eine Fallstudie aus der Halbleiterbranche, in: Finanz Betrieb 11 (2004), S. 777-785.

Ernst et al. (2017)

Ernst, D./ Schneider, S./ Thielen, B.: Unternehmensbewertungen erstellen und verstehen: Ein Praxisleitfaden, 6. Aufl. München 2017.

Europäischer Multi-Channel und Online-Handelsverband (2014)

Europäischer Multi-Channel und Online-Handelsverband: E-Commerce in Europe, http://media.wix.com/ugd/b18286_390bb25f5c1340fbbc9df4945b56ad16.pdf, Zugriff am 11.11.2014.

Fama/French (1993)

Fama, E.,/French, K.: Common risk factors in the returns on stocks and bonds. Journal of Financial Economics 1 (1993), S. 3-56.

Finance-Magazin (2014)

Finance-Magazin: Finance-Multiples November 2014, http://www.finanacemagazin.de/uploads/media/Finance_Multiples_November_2014.pdf, Zugriff am 21.11.2014.

Finanzen.net (2014)

Finanzen.net: Börsenkurs Zalando SE, http://www.finanzen.net/aktien/Zalando-Aktie, Zugriff am 12.11.2014.

Förster (2011)

Förster, H.: Stochastische Unternehmensbewertung mittels Monte-Carlo-Simulation am Beispiel der Verlagsbranche, in: Die Unternehmung 4 (2011), S. 352-379.

Frühling (2004)

Frühling, V.: Sensitivitätsanalyse zum Barwertmodell der Unternehmensbewertung, in: Finanz Betrieb 11 (2004), S. 741-746.

Gausemeier et al. (1996)

Gausemeier, J./Fink, A./Schlake, O.: Szenario-Management. Planen und Führen mit Szenarien, 2. Aufl. München 1996.

Geschka/Hammer (1997)

Geschka, H./Hammer, R.: Die Szenario-Technik in der strategischen Unternehmensplanung, in: Hahn/Taylor (1997), S. 464-488.

Gleißner (2005)

Gleißner, W: Kapitalkosten: Der Schwachpunkt bei der Unternehmensbewertung und im wertorientierten Management, in: Finanz Betrieb 4 (2005), S. 217-229.

Gleißner (2014)

Gleißner, W: Kapitalmarktorientierte Unternehmensbewertung: Erkennt-nisse der empirischen Kapitalmarktforschung und alternative Bewertungs-methoden, in: Corporate Finance 4 (2014), S. 151-167.

Godet/Roubelat (1996)

Godet, M./Roubelat, F.: Creating the Future: The Use and Misuse of Sce-narios, in Long Range Planning 2 (1996), S. 164-171.

Hayn (1998)

Hayn, M: Bewertung junger Unternehmen, in: Küting, K./Weber, C.-P. (1998).

HDE Handelsverband Deutschland (2014)

HDE Handelsverband Deutschland: Der Deutsche Einzelhandel, http://ein-zelhandel.de/images/presse/Graphiken/DerEinzelhandelJan2014.pdf, Zu-griff am 11.11.2014.

Heckmanns (2018)

Heckmanns, L.: Szenario-Analyse zu smartem Einbruchschutz in deut-schen Haushalten, in: Diskussionsbeiträge der Hochschule Niederrhein, Münster 2018.

Heesen/Moser (2013)

Heesen, E./Moser, O.: Working Capital Management. Bilanzierung, Ana-lytik und Einkaufsmanagement, 2. Aufl. Wiesbaden 2013.

Henselmann/Weiler (2007)

Henselmann, K./Weiler, A.: Empirische Erkenntnisse zu Restwertverläufen in der Unternehmensbewertung, in: Finanz Betrieb 6 (2007), S. 354-362.

Hull (2009)

Hull, J: Optionen, Futures und andere Derivate, 7. Aufl. München 2009.

Institut der Wirtschaftsprüfer (2008)

Institut der Wirtschaftsprüfer: IDW Standard: Grundsätze zur Durchführung von Unternehmensbewertungen (IDW S1 i.d.F. 2008), Düsseldorf 2008.

Institut der Wirtschaftsprüfer in Deutschland e.V. (Hrsg.) (2014)

Institut der Wirtschaftsprüfer in Deutschland e.V. (Hrsg.): WP Handbuch 2014. Wirtschaftsprüfung, Rechnungslegung, Beratung. Band 2, 14. Aufl. Düsseldorf 2014.

Investment AB Kinnevik (2012)

Investment AB Kinnevik: Year-End Release 2011, http://www.kinnevik.se/Documents/Pdf/20120215%20Kinnevik_Q4_2011_E.pdf, Zugriff am 05.11.2014.

Jorion (2007)

Jorion, P: Value at Risk. The New Benchmark for Managing Financial Risk, 3. Aufl. New York 2007.

Kaluza/Ostendorf (1995)

Kaluza, B/Ostendorf R.-J.: Szenario-Technik als Instrument der strategischen Unternehmensplanung: Theoretische Betrachtung und empirische Überprüfung in der Autoindustrie, in: Diskussionsbeiträge des Fachbereichs Wirtschaftswissenschaften der Gerhard-Mercator-Universität Nr. 219, Duisburg 1995.

Kaluza/Ostendorf (1997)

Kaluza, B/Ostendorf R.-J.: Szenario-Analyse zur wirtschaftlichen Entwicklung Ostasiens, in: Diskussionsbeiträge des Fachbereichs Wirtschaftswissenschaften der Gerhard-Mercator-Universität Nr. 233, Duisburg 1997.

Kaplan/Ruback (1995)

Kaplan, S./Ruback, R.: The Valuation of Cashflow Forecasts: An Empirical Analysis, in: The Journal of Finance 4 (1995), S. 1059-1093.

Keiber (2009)

Keiber, K: Dividenden-Bewertungsmodelle, in: Schacht, U./Fackler, M. (Hrsg.): Praxishandbuch Unternehmensbewertung. Grundlagen, Methoden, Fallbeispiele, 2. Aufl. Wiesbaden 2009, S. 335-358.

Knoll (2010)

Knoll, L: Planungsrechnungen zwischen Risikoberücksichtigung und Zweckadäquanz, in: Deutsches Steuerrecht 12 (2010), S. 615-617.

Kollmann et al. (2016)

Kollmann, T./Stöckmann, C./Henselleck, S./Kensbock, J.: Deutscher Startup Monitor, Bundesverband Deutsche Startups e.V. (BVDS) 2016.

Krag/Kasperzak (2000)

Krag, J./Kasperzak, R.: Grundzüge der Unternehmensbewertung, München 2000.

Kruschwitz/Löffler (2003)

Kruschwitz, L./Löffler, A.: Fünf typische Missverständnisse im Zusammenhang mit DCF-Verfahren, in: Finanz Betrieb 11 (2003), S. 731-733.

Kuhner/Maltry (2006)

Kuhner, C./Maltry, H.: Unternehmensbewertung, Berlin/Heidelberg 2006.

Kußmaul (2006)

Kußmaul, H.: Venture Capital in der Existenzgründung, in: Finanz Betrieb 3 (2006), S. 198-202.

Li (2003)

Li, S.: A valuation model for firms with stochastic earnings, in: Applied Mathematical Finance 3 (2003), S. 229-243.

Lintner (1965)

Lintner, J: The Valuation of Risk Assets and the Selection of Risky Investments in Stock Portfolios and Capital Budgets, in: The Review of Economics 1 (1965), S. 13-37.

Löffler (2009)

Löffler, C.: Berücksichtigung von Steuern in der Unternehmensbewertung, in: Schacht, U./Fackler, M. (Hrsg.): Praxishandbuch Unternehmensbewertung. Grundlagen, Methoden, Fallbeispiele, 2. Aufl. Wiesbaden 2009, S. 383-409.

Maehrle et al. (2005)

Maehrle, H./Friedrich, M./Jaslowitzer, S.: Bewertung junger High Tech-Unternehmen, in: Finanz Betrieb 12 (2005), S. 834-839.

Maier (2011)

Maier, D.: Cashflow Prognosen bei Biotechnologieunternehmen mittels der systemdynamischen Modellierung, Lohmar/Köln 2011.

Mandl/Rabel (1997)

Mandl, G./Rabel, K.: Unternehmensbewertung. Eine praxisorientierte Einführung, Wien/Frankfurt 1997.

Markowitz (1952)

Markowitz, H.: Portfolio Selection, in: The Journal of Finance 1 (1952), S. 77-91.

Matschke/Brösel (2013)

Matschke, M./Brösel, G.: Unternehmensbewertung. Funktionen – Methoden – Grundsätze, 4. Aufl. Wiesbaden 2013.

McKinsey & Company et al. (2010)

McKinsey & Company/Koller, T./Goedhart, M./Wessels, D.: Valuation. Measuring and Managing the Value of Companies, 5. Aufl. New Jersey 2010.

Meyer (2006)

Meyer, B.: Stochastische Unternehmensbewertung. Der Wertbeitrag von Realoptionen, Wiesbaden 2006.

Modigliani/Miller (1963)

Modigliani, F./Miller, M.: Corporate Income Taxes and the Cost of Capital: A Correction, in: The American Economic Review 3 (1963), S. 433-443.

Mokler (2009)

Mokler, M: Ertragswert- und Discounted-Cashflow-Verfahren im Vergleich, in: Schacht, U./Fackler, M. (Hrsg.): Praxishandbuch Unternehmensbewertung. Grundlagen, Methoden, Fallbeispiele, 2. Aufl. Wiesbaden 2009, S. 233-254.

Moser/Schieszl (2001)

Moser, U./Schieszl, S.: Unternehmenswertanalysen auf der Basis von Simulationsrechnungen am Beispiel eines Biotech-Unternehmens, in: Finanz Betrieb 10 (2001), S. 530-541.

Mossin (1966)

Mossin, J: Equilibrium in a Capital Market, in: Econometrica 4 (1966), S. 768-783.

Müller (2003)

Müller, S.: Die Bewertung junger Unternehmen und Behavioral Finance. Eine theoretische und experimentelle Untersuchung, Köln 2003.

Myers (1977)

Myers, S.: Determinants of Corporate Borrowing, in: Journal of Financial Economics 2 (1977), S. 147-175.

Nölle (2009)

Nölle, J.-U.: Grundlagen der Unternehmensbewertung. Anlässe, Funktionen, Verfahren und Grundsätze, in: Schacht, U./Fackler, M. (Hrsg.): Praxishandbuch Unternehmensbewertung. Grundlagen, Methoden, Fallbeispiele, 2. Aufl. Wiesbaden 2009, S. 9-29.

Onvista.de (2017a)

Onvista.de: MDAX – Historische Kurse, https://www.onvista.de/index/MDAX-Index-323547, Zugriff am 28.11.2017.

Onvista.de (2017b)

Onvista.de: Fundamentaldaten Zalando SE, https://www.onvista.de/aktien/fundamental/Zalando-Aktie-DE000ZAL1111, Zugriff am 28.10.2017.

Opresnik/Rennhak (2015)

Opresnik, M.-O./Rennhak, C.: Allgemeine Betriebswirtschaftslehre – Grundlagen unternehmerischer Funktionen, 2. Aufl. Berlin 2015.

Pankoke/Petersmeier (2009)

Pankoke, T./Petersmeier, K.: Der Zinssatz in der Unternehmensbewertung, in: Schacht, U./Fackler, M. (Hrsg.): Praxishandbuch Unternehmensbewertung. Grundlagen, Methoden, Fallbeispiele, 2. Aufl. Wiesbaden 2009, S. 107-137.

Pape/Kreyer (2009)

Pape, U./Kreyer, F.: Differenzierte Ermittlung von Restwerten in der Unternehmensbewertung, in Wirtschaftswissenschaftliches Studium 6 (2009), S. 282-288.

Peemöller et al. (2002)

Peemöller, V./Meister, J./Beckmann, C.: Der Multiplikatoransatz als eigenständiges Verfahren in der Unternehmensbewertung, in: Finanz Betrieb 4 (2002), S. 197-209.

Pohl (2013)

Pohl, P.: Unternehmensbewertung mittels Simulation stochastischer Prozesse, in: BFuP 6 (2013), S. 626-652.

Ripsas/Tröger (2014)

Ripsas, S./Tröger, S.: Deutscher Startup Monitor, KPMG (Hrsg.), Bundesverband Deutsche Startups e.V. (BVDS) 2014.

Röber (2013)

Röber, N.: Simulationsbasierte Verfahren in der Unternehmensbewertung, München 2013.

Rudolf/Witt (2002)

Rudolf, M./Witt, P.: Bewertung von Wachstumsunternehmen. Traditionelle und innovative Methoden im Vergleich, Wiesbaden 2002.

Rudolph (2006)

Rudolph, B.: Unternehmensfinanzierung und Kapitalmarkt, Tübingen 2006.

Rzepka et al. (2016)

Rzepka, M./Hille, C./Schieszl, S.: Die Bewertung von Start-up-Unternehmen - Aktuelle Entwicklungen, Bewertungstrends und angewendete Bewertungsmethoden, in: Corporate Finance 9 (2016), S. 311-320.

Schacht/Fackler (2009)

Schacht, U./Fackler, M.: Discounted-Cashflow-Verfahren. Eine Einführung, in: Schacht, U./Fackler, M. (Hrsg.): Praxishandbuch Unternehmensbewertung. Grundlagen, Methoden, Fallbeispiele, 2. Aufl. Wiesbaden 2009, S. 205-232.

Schwall (2001)

Schwall, B.: Die Bewertung junger, innovativer Unternehmen auf Basis des Discounted Cashflow, Frankfurt a.M. 2001.

Schwartz/Moon (2000)

Schwartz, E./Moon, M.: Rational Pricing of Internet Companies, in Financial Analysts Journal 3 (2000), S. 62-75.

Sharpe (1964)

Sharpe, W.: Capital Asset Prices: A Theory of Market Equilibrium under Conditions of Risk, in: The Journal of Finance 3 (1964), S. 425-442.

Simon/von der Gathen (2010)

Simon, H./von der Gathen, A.: Das große Handbuch der Strategieinstrumente. Werkzeuge für eine erfolgreiche Unternehmensführung, 2. Aufl. Frankfurt/New York 2010.

The New York Times. Scott, Mark (2014)

The New York Times. Scott, M.: Copycat Business Model Generates Genuine Global Success for Start-Up Incubator, http://nyti.ms/1bPfbVQ, Zugriff am 19.10.2014.

Thurow (2012)

Thurow, C.: Zur Problematik der Ermittlung einer „risikofreien Rendite" für das CAPM im aktuellen Marktumfeld, in: Zeitschrift für Internationale Rechnungslegung 1 (2012), S. 11-13.

Trigeorgis (1995)

Trigeorgis, L.: Real Options: An Overview, in: Trigeorgis, L.: Real Options in Capital Investment. Models, Strategies, and Applications, Westport 1995, S. 1-28.

Vincenti/Winters (2008)

Vincenti, A./Winters, S.: Die Bedeutung formeller Risikokapitalmärkte in den USA und in Deutschland für die Frühphasenfinanzierung, in: Finanz Betrieb 5 (2008), S. 369-378.

Von Ahsen/de Witt (2009)

Von Ahsen, H./de Witt, B.: Analyseschritte zur Ermittlung des Zukunftserfolgs, in: Schacht, U./Fackler, M. (Hrsg.): Praxishandbuch Unternehmensbewertung. Grundlagen, Methoden, Fallbeispiele, 2. Aufl. Wiesbaden 2009, S. 139-167.

Von Reibnitz (1992)

Von Reibnitz, U.: Szenario-Technik. Instrumente für die unternehmerische und persönliche Erfolgsplanung, 2. Aufl. Wiesbaden 1992.

Walkshäusel (2012)

Walkshäusel, C.: Die Volatilitätsanomalie auf dem deutschen Aktienmarkt: Mit weniger Risiko zu einer besseren Performance, in: Corporate Finance 2 (2012), S. 81-86.

Zalando SE (2013)

Zalando SE: Jahresabschluss 2012, https://corporate.zalando.de/sites/default/files/mediapool/zalando_ka_2012_de_3.pdf, Zugriff am 05.11.2014.

Zalando SE (2014a)

Zalando SE: Jahresabschluss 2013, https://corporate.zalando.de/sites/default/files/mediapool/zalando_ka_2013_de_2.pdf, Zugriff am 05.11.2014.

Zalando SE (2014b)

Zalando SE: Lagebericht 2013, https://www.bundesanzeiger.de/e-banzwww/wexsservlet?session.sessio-nid=98413da99dfb5bbe3e1969169b9e2e0f&page.navid=detailsearchde-tailtodetailsearchdetailprint&fts_search_list.destHisto-ryId=46529&fts_search_list.selected=fe54872d8bd4f317, Zugriff am 05.11.2014.

Zalando SE (2014c)

Zalando SE: Presseinformation Halbjahresbericht 1/2014., https://corporate.zalando.com/sites/default/files/down-loads/140828_zalando_hy1_2014_en_final.pdf, Zugriff am 05.11.2014.

Zalando SE (2014d)

Zalando SE: Factsheet Finanzen, https://corporate.zalando.de/sites/default/files/mediapool/zalando_factsheet_finanzen.pdf, Zugriff am 05.11.2014.

Zalando SE (2014e)

Zalando SE: Unternehmenspräsentation, https://corporate.zalando.de/sites/default/files/mediapool/2014-10-13_company_pres_vf.pdf, Zugriff am 05.11.2014.

Zalando SE (2014f)

Zalando SE: Wertpapierprospekt, https://corporate.zalando.de/de/system/files/prospekt_1.pdf, Zugriff am 05.11.2014.

Zalando SE (2014g)

Zalando SE: Presseinformation Umwandlung, https://corporate.zalando.de/sites/default/files/downloads/2_140528_pm_zalando_se_umwandlung_de.pdf, Zugriff am 05.11.2014.

Zalando SE (2014h)

Zalando SE: Aktionärsstruktur, von https://corporate.zalando.de/de/aktionaersstruktur, Zugriff am 24.11.2014.

Zalando SE (2014i)

Zalando SE: Informationen zur Aktie, https://corporate.zalando.de/de/informationenzur-aktie, Zugriff am 06.11.2014.

Zalando SE (2015)

Zalando SE: Konzernabschluss 2014, https://corporate.zalando.com/sites/default/files/mediadownload/zalando_geschaeftsbericht_2014_0.pdf, Zugriff am 08.11.2017.

Zalando SE (2016)

Zalando SE: Konzernabschluss 2015, https://geschaeftsbericht.zalando.de/2015/assets/downloads/konzernabschluss/zalando_konzernabschluss.pdf, Zugriff am 28.10.2017.

Zalando SE (2017a)

Zalando SE: Konzernabschluss 2016, https://geschaeftsbericht.zalando.de/2016/fileadmin/user_upload/zalando2016_konzernabschluss.pdf, Zugriff am 28.10.2017.

Zalando SE (2017b)

Zalando SE: Die Zalando-Aktie - Das Börsenjahr 2016, https://geschaeftsbericht.zalando.de/2016/fileadmin/user_upload/zalando2016_die_zalando_aktie.pdf, Zugriff am 28.10.2017.

Zellmann et al. (2014)

Zellmann, J./Prengel, C./Lebschi, C.: Studie unter Venture Capital-Gesellschaften. Wie Wagniskapitalgeber Start-ups bewerten, in: Venture Capital Magazin 7-8 (2014), S. 36-37.

Zwirner (2013)

Zwirner, C.: Kapitalisierungszinssätze in der Unternehmensbewertung - Eine empirische Analyse inländischer IFRS-Konzernabschlüsse 2012, in: Corporate Finance 7 (2013), S. 416-421.

Anhang

© Springer Fachmedien Wiesbaden GmbH, ein Teil von Springer Nature 2018
M. Smeets, *Besonderheiten bei der Bewertung junger Unternehmen*,
https://doi.org/10.1007/978-3-658-22880-4

Anhang 1: Wachstumsraten Zalando SE

Zur Ermittlung der Änderung der Wachstumsrate wird in Anhang-Abbildung 1 die Differenz aus Wachstumsrate im Betrachtungsjahr und Vorjahreswachstumsrate durch die Vorjahreswachstumsrate dividiert.

Jahr	Wachstumrate	Umsatz in Mio. €	Änderung Wachstumsrate
2010		159	
2011	220,8%	510	
2012	127,3%	1159	42%
2013	52,0%	1762	59%
2014	29,5%	2282	43%
		Mittelwert	**48%**

Quelle: Eigene Erstellung auf Datenbasis Zalando SE (2014d), S. 1 ff.

Anhang-Abbildung 1: Änderung Wachstumsrate

Anhang 2: EBIT-Margen Zalando SE

Anhang-Abbildung 2 stellt das Ermittlungsschema für die EBIT-Marge der Zalando SE dar. Die Umsatz-Daten entstammen der Szenario-Planung.[359] Nur die grau hinterlegten Felder sind manuell angepasst. Zu den Annahmen der Schätzung siehe Kapitel 6. Für die Unternehmenswertermittlung werden die Ertragssteuern bei fiktiver Eigenfinanzierung benötigt. Hierfür wird der von der Zalando SE genannte Unternehmenssteuersatz von 30,175% unterstellt.[360] Die Position VV – Verlustvortrag – summiert die Verluste, um die korrekte Berechnung der Steuerlast zu ermöglichen.[361] Sobald der Verlustvortrag 0 Mio. € beträgt, ist besteuerbares Einkommen vorhanden, für welches Steuerzahlungen berechnet werden.

---

[359] Vgl. Anhang-Abbildung 11.

[360] Vgl. Zalando SE (2014a), S. 41. Es sei darauf hingewiesen, dass für die Steuerbemessung in der Praxis nicht die hier benutzten IFRS-Bilanzen verwendet werden. Der Übersichtlichkeit halber wird dieser – hier nicht relevante – Umstand an dieser Stelle vernachlässigt.

[361] Ausgangsbasis ist das Jahr 2011 mit einem Verlustvortrag in Höhe von 85 Mio. € (vgl. Zalando SE (2014d), S. 4). Die folgenden VV ergeben sich aus der Addition des jeweiligen EBIT. Da hier von der Position EBIT ausgegangen wird, ist der VV nicht mit dem bilanziell ausgewiesenen Bilanzverlust vergleichbar.

Szenario 1 (Best Case)

Jahr	Umsatz	EBIT	EBIT-Marge	VV	Besteuerbares Einkommen	Steuern
2010 (Vortrag)	159			-26		
2011	510	-59	-11,6%	-85	0	0
2012	1159	-84	-7,2%	-169	0	0
2013	1762	-114	-6,5%	-283	0	0
2014	2282	23	1,0%	-260	0	0
2015	2738	41	1,5%	-219	0	0
2016	3231	97	3,0%	-122	0	0
2017	3748	187	5,0%	0	65	20
2018	4273	299	7,0%	0	299	90
2019	4785	383	8,0%	0	383	116
TV	5312	425	8,0%	0	425	128

Szenario 2 (Worst Case)

Jahr	Umsatz	EBIT	EBIT-Marge	VV	Besteuerbares Einkommen	Steuern
2010 (Vortrag)	159			-26		
2011	510	-59	-11,6%	-85	0	0
2012	1159	-84	-7,2%	-169	0	0
2013	1762	-114	-6,5%	-283	0	0
2014	2282	23	1,0%	-260	0	0
2015	2601	26	1,0%	-234	0	0
2016	2783	56	2,0%	-179	0	0
2017	2895	87	3,0%	-92	0	0
2018	3010	120	4,0%	0	29	9
2019	3131	141	4,5%	0	141	43
TV	3256	163	5,0%	0	163	49

Szenario 3 (Base Case)

Jahr	Umsatz	EBIT	EBIT-Marge	VV	Besteuerbares Einkommen	Steuern
2010 (Vortrag)	159			-26		
2011	510	-59	-11,6%	-85	0	0
2012	1159	-84	-7,2%	-169	0	0
2013	1762	-114	-6,5%	-283	0	0
2014	2282	23	1,0%	-260	0	0
2015	2670	40	1,5%	-220	0	0
2016	3070	77	2,5%	-143	0	0
2017	3469	121	3,5%	-22	0	0
2018	3851	173	4,5%	0	151	46
2019	4217	232	5,5%	0	232	70
TV	4554	296	6,5%	0	296	89

Quelle: Eigene Erstellung in Anlehnung an Damodaran (2012), S. 650 f.; Kapitel 6.

Anhang-Abbildung 2: EBIT-Marge Zalando SE in Mio. €

Anhang 3: Reinvestitionen Zalando SE

Die Anhang-Abbildungen 3 bis 5 stellen die Schätzung der benötigten Re-
investitionen je Szenario dar. Im oberen Teil werden jeweils die benötigten
Reinvestitionen ermittelt, die nach der von Damodaran vorgeschlagenen
Vorgehensweise erforderlich wären.[362] Dieser schlägt vor, die Reinvestitionen durch Ermittlung des Verhältnisses zwischen zusätzlich investierter
Einheit Kapital und zusätzlicher Einheit generiertem Umsatz zu schätzen.
Zur Prognose des Verhältnisses könnte auf Branchenzahlen zurückgegriffen werden.[363] Die Branchenmitte der hierfür verwendbaren Kennzahl Ge-
samtkapitalumschlag liegt per 2012 in Deutschland bei 2,5.[364] Übertragen
auf die Zalando SE würde dies bedeuten, dass je € 2,50 Umsatzwachstum
ein Euro Kapital investiert werden müsste, was Reinvestitionen in Höhe
von 40% des Umsatzwachstums entspräche. Zur Ermittlung der Reinvestitionen wird dann das jährliche Umsatzwachstum durch die Kennzahl Ge-
samtkapitalumschlag geteilt. Für das Jahr 2014 ergäben sich so beispielhaft
benötigte Reinvestitionen in Höhe von 208 Mio. €. Wie in Kapitel 6 erläutert, wird hier eine andere Vorgehensweise gewählt, die im jeweils unteren
Teil der Abbildung zu sehen ist. Auf Basis der Jahre 2012 und 2013 werden
zunächst die Reinvestitionen quotal zum Umsatzwachstum des entsprechenden Jahres bestimmt. Der Mittelwert der Quoten 2012 und 2013 beträgt 8%. Dieser Mittelwert wird für die Folgejahre weiterverwendet, so
dass sich die Reinvestitionen ab 2014 durch Multiplikation des Umsatzwachstums mit der Reinvestitionsquote in Höhe von 8% ergeben.

---

[362] Vgl. Damodaran (2012), S. 651 ff.

[363] Vgl. Damodaran (2012), S. 652.

[364] Vgl. Deutscher Sparkassen Verlag GmbH (2014b), S. 2.

Jahr	Gesamtkapitalumschlag	Umsatz	Umsatzwachstum	Investitionsaufwand	Abschreibungen	Veränderung NWC	Reinvestitionen	Quotal
2010		159						
2011		510	351	2	13	307	11	3%
2012		1159	649	6	47	10	348	54%
2013		1762	603	15	74		69	11%
2014	2,5	2282	520				208	40%
2015	2,5	2738	456				183	40%
2016	2,5	3231	493				197	40%
2017	2,5	3748	517				207	40%
2018	2,5	4273	525				210	40%
2019	2,5	4785	513				205	40%
TV	2,5	5312	526				211	40%

Jahr	Gesamtkapitalumschlag	Umsatz	Umsatzwachstum	Investitionsaufwand	Abschreibungen	Veränderung Non-Cash-NWC	Reinvestitionen	Quotal
2010		159						
2011		510	351	2	13	27	11	3%
2012		1159	649	6	47	-25	68	10%
2013		1762	603	15	74		34	6%
2014	-	2282	520				42	8%
2015	-	2738	456				37	8%
2016	-	3231	493				39	8%
2017	-	3748	517				41	8%
2018	-	4273	525				42	8%
2019	-	4785	513				41	8%
TV	-	5312	526				42	8%

Quelle: Eigene Erstellung in Anlehnung an Damodaran (2012), S. 652 f. und auf Datenbasis Zalando SE (2014d), S. 1 ff.; Zalando SE (2013), S. 4 ff.; Zalando SE (2014a), S. 4 ff.; Deutscher Sparkassen Verlag GmbH (2014b), S. 2.

Anhang-Abbildung 3: Ermittlung Reinvestitionen Best Case-Szenario in Mio. €[365]

---

[365] Rundungsbedingt kann es auch hier und im Folgenden vereinzelt zu geringen Abweichungen der Werte kommen.

Jahr	Gesamtkapitalumschlag	Umsatz	Umsatzwachstum	Investitionsaufwand	Abschreibungen	Veränderung NWC	Reinvestitionen	Quotal
2010		159						
2011		510	351	13	2		11	3%
2012		1159	649	47	6	307	348	54%
2013		1762	603	74	15	10	69	11%
2014	2,5	2282	520				208	40%
2015	2,5	2601	319				128	40%
2016	2,5	2783	182				73	40%
2017	2,5	2895	111				45	40%
2018	2,5	3010	116				46	40%
2019	2,5	3131	120				48	40%
TV	2,5	3256	125				50	40%

Jahr	Gesamtkapitalumschlag	Umsatz	Umsatzwachstum	Investitionsaufwand	Abschreibungen	Veränderung Non-Cash-NWC	Reinvestitionen	Quotal
2010		159						
2011		510	351	13	2		11	3%
2012		1159	649	47	6	27	68	10%
2013		1762	603	74	15	-25	34	6%
2014	-	2282	520				42	8%
2015	-	2601	319				26	8%
2016	-	2783	182				15	8%
2017	-	2895	111				9	8%
2018	-	3010	116				9	8%
2019	-	3131	120				10	8%
TV	-	3256	125				10	8%

Quelle: Eigene Erstellung in Anlehnung an Damodaran (2012), S. 652 f. und auf Datenbasis Zalando SE (2014d), S. 1 ff.; Zalando SE (2013), S. 4 ff.; Zalando SE (2014a), S. 4 ff.; Deutscher Sparkassen Verlag GmbH (2014b), S. 2.

Anhang-Abbildung 4: Ermittlung Reinvestitionen Worst Case-Szenario in Mio. €

Jahr	Gesamtkapitalumschlag	Umsatz	Umsatzwachstum	Investitionsaufwand	Abschreibungen	Veränderung NWC	Reinvestitionen	Quotal
2010		159						
2011		510	351	13	2		11	3%
2012		1159	649	47	6	307	348	54%
2013		1762	603	74	15	10	69	11%
2014	2,5	2282	520				208	40%
2015	2,5	2670	388				155	40%
2016	2,5	3070	400				160	40%
2017	2,5	3469	399				160	40%
2018	2,5	3851	382				153	40%
2019	2,5	4217	366				146	40%
TV	2,5	4554	337				135	40%

Jahr	Gesamtkapitalumschlag	Umsatz	Umsatzwachstum	Investitionsaufwand	Abschreibungen	Veränderung Non-Cash-NWC	Reinvestitionen	Quotal
2010		159						
2011		510	351	13	2		11	3%
2012		1159	649	47	6	27	68	10%
2013		1762	603	74	15	-25	34	6%
2014	-	2282	520				42	8%
2015	-	2670	388				31	8%
2016	-	3070	400				32	8%
2017	-	3469	399				32	8%
2018	-	3851	382				31	8%
2019	-	4217	366				29	8%
TV	-	4554	337				27	8%

Quelle: Eigene Erstellung in Anlehnung an Damodaran (2012), S. 652 f. und auf Datenbasis Zalando SE (2014d), S. 1 ff.; Zalando SE (2013), S. 4 ff.; Zalando SE (2014a), S. 4 ff.; Deutscher Sparkassen Verlag GmbH (2014b), S. 2.

Anhang-Abbildung 5: Ermittlung Reinvestitionen Base Case-Szenario in Mio. €

Die Veränderung des (Non-Cash) Net Working Capital ist in Anhang-Abbildung 6 zu sehen. Das NWC ist die Differenz aus Umlaufvermögen und kurzfristigen Verbindlichkeiten. In der Position Non-Cash Net Working Capital sind zusätzlich die liquiden Mittel, die in Anhang-Abbildung 6 nicht explizit ausgewiesen sind, abgezogen. Die Position Veränderung beschreibt jeweils die Änderung zum Vorjahr.

Bilanz in Mio. €	2011	2012	2013
Aktiva			
Anlagevermögen	24	85	176
Umlaufvermögen	247	740	896
Bilanzsumme	**271**	**825**	**1072**
Passiva			
Eigenkapital	106	458	547
Langfristige Verbindlichkeiten	1	17	29
Kurzfristige Verbindlichkeiten	164	350	496
Bilanzsumme	**271**	**825**	**1072**
Net Working Capital	83	390	400
Veränderung		307	10
Non-Cash Net Working Capital	-19	8	-17
Veränderung		27	-25

Quelle: Eigene Erstellung in Anlehnung an die hier verwendete Definition des (Non-Cash) NWC und auf Datenbasis Zalando SE (2014d), S. 4.

Anhang-Abbildung 6: Ermittlung (Non-Cash) Net Working Capital

Anhang 4: Diskontierungszinssätze Zalando SE

Anhang-Abbildung 7 stellt die zur Bewertung der Zalando SE verwendeten Diskontierungszinssätze überblicksartig dar. Ferner erfolgt die Ermittlung kumulierter Diskontierungsfaktoren durch Multiplikation des kumulierten Vorjahresfaktors mit dem Zinssatz des Betrachtungsjahres.

Jahr	Zinssatz	Kumuliert
2015	25,60%	1,256
2016	25,60%	1,578
2017	17,80%	1,858
2018	17,80%	2,189
2019	11,90%	2,450
TV	11,90%	2,741

Quelle: Eigene Erstellung in Anlehnung an Achleitner et al. (2004), S. 705. Die
Ermittlung der kumulierten Kapitalkosten ist angelehnt an Damodaran (2012),
S. 657 und wird zur Abzinsung der FCF aufgrund der unterschiedlichen Perio-
denzinssätze benötigt.

Anhang-Abbildung 7: Diskontierungszinssätze der Zalando SE

Anhang 5: GuV-Planungen Zalando SE

Die zur Ermittlung der FCF notwendigen Daten sind aufgrund der Szenario-Planung, der EBIT-Margen-Planung und der Ermittlung der Reinvestitionen bereits vorhanden. In den Anhang-Abbildungen 8 bis 10 ist dennoch ergänzend die GuV-Planung dargestellt, die zur FCF-Ermittlung nicht notwendigerweise erforderlich wäre. Die dunkelgrauen Felder werden aufgrund des verwendeten Schemas nicht benötigt.

GuV in Mio. €		2011	2012	2013	2014	2015	2016	2017	2018	2019	TV
	Umsatzerlöse	510	1159	1762	2282	2738	3231	3748	4273	4785	5312
-	Umsatzkosten	276	624	1047							
-	Vertriebs- und Verwaltungskosten	295	624	839							
-	Sonstige Kosten	1	1	3							
+	sonstige Erträge	3	6	13							
=	**EBIT**	-59	-84	-114	23	41	97	187	299	383	425
+	Zinsertrag	0	1	0							
-	Zinsaufwand	1	2	3							
+	Übriges Finanzergebnis	0	0	-1							
=	**EBT**	-60	-85	-118							
-	Steuern vom Einkommen und Ertrag	0	1	-1							
=	**Periodenergebnis nach Steuern**	-60	-86	-117	23	41	97	168	209	267	297
+	Sonstiges Ergebnis	0	0	0							
=	**Gesamtergebnis**	-60	-86	-117	23	41	97	168	209	267	297

Quelle: Eigene Erstellung in Anlehnung an Damodaran (2012), S. 648 ff. und auf Datenbasis Zalando SE (2014a), S. 4; Zalando SE (2013), S. 4; Zalando SE, (2014d), S. 1 ff.

Anhang-Abbildung 8: GuV-Planung Best Case-Szenario

GuV in Mio. €		2011	2012	2013	2014	2015	2016	2017	2018	2019	TV
	Umsatzerlöse	510	1159	1762	2282	2601	2783	2895	3010	3131	3256
-	Umsatzkosten	276	624	1047							
-	Vertriebs- und Verwaltungskosten	295	624	839							
-	Sonstige Kosten	1	1	3							
+	sonstige Erträge	3	6	13							
=	**EBIT**	**-59**	**-84**	**-114**	**23**	**26**	**56**	**87**	**120**	**141**	**163**
+	Zinsertrag	0	1	0							
-	Zinsaufwand	1	2	3							
+	Übriges Finanzergebnis	0	0	-1							
=	**EBT**	**-60**	**-85**	**-118**							
-	Steuern vom Einkommen und Ertrag	0	1	-1							
=	**Periodenergebnis nach Steuern**	**-60**	**-86**	**-117**	**23**	**26**	**56**	**87**	**112**	**98**	**114**
+	Sonstiges Ergebnis	0	0	0							
=	**Gesamtergebnis**	**-60**	**-86**	**-117**	**23**	**26**	**56**	**87**	**112**	**98**	**114**

Quelle: Eigene Erstellung in Anlehnung an Damodaran (2012), S. 648 ff. und auf Datenbasis Zalando SE (2014a), S. 4; Zalando SE (2013), S. 4; Zalando SE, (2014d), S. 1 ff.

Anhang-Abbildung 9: GuV-Planung Worst Case-Szenario

GuV in Mio. €	2011	2012	2013	2014	2015	2016	2017	2018	2019	TV
Umsatzerlöse	510	1159	1762	2282	2670	3070	3469	3851	4217	4554
- Umsatzkosten	276	624	1047							
- Vertriebs- und Verwaltungskosten	295	624	839							
- Sonstige Kosten	1	1	3							
+ sonstige Erträge	3	6	13							
= **EBIT**	**-59**	**-84**	**-114**	**23**	**40**	**77**	**121**	**173**	**232**	**296**
+ Zinsertrag	0	1	0							
- Zinsaufwand	1	2	3							
+ Übriges Finanzergebnis	0	0	-1							
= **EBT**	**-60**	**-85**	**-118**							
- Steuern vom Einkommen und Ertrag	0	1	-1							
= **Periodenergebnis nach Steuern**	**-60**	**-86**	**-117**	**23**	**40**	**77**	**121**	**128**	**162**	**207**
+ Sonstiges Ergebnis	0	0	0							
= **Gesamtergebnis**	**-60**	**-86**	**-117**	**23**	**40**	**77**	**121**	**128**	**162**	**207**

Quelle: Eigene Erstellung in Anlehnung an Damodaran (2012), S. 648 ff. und auf Datenbasis Zalando SE (2014a), S. 4; Zalando SE (2013), S. 4; Zalando SE, (2014d), S. 1 ff.

Anhang-Abbildung 10: GuV-Planung Base Case-Szenario

Anhang 6: Schema FCF-Ermittlung Zalando SE

Für die FCF-Ermittlung wird das Schema gemäß Abbildung 5 verwendet, wobei dieses an grau markierten Stellen in Anhang-Abbildung 11 leicht modifiziert ist. Die Berücksichtigung der Positionen der zahlungsunwirksamen Aufwendungen (hier nur Abschreibungen), der Investitionsauszahlungen abzgl. Einzahlungen aus Desinvestitionen sowie der Verminderung/Erhöhung des Net Working Capital erfolgt summiert in der Position geschätzte Reinvestitionen. Ein sonstiges Finanzergebnis liegt nach 2013 nicht vor. Ebenso wird angenommen, dass auch künftig keine zahlungsunwirksamen Erträge entstehen.

	EBIT
+	sonstiges Finanzergebnis (ohne Fremdkapitalzinsen)
-	Ertragssteuern bei fiktiver Eigenfinanzierung
+	Zahlungsunwirksame Aufwendungen
-	Zahlungsunwirksame Erträge
-	Investitionsauszahlungen abzgl. Einzahlungen aus Desinvestitionen
+/-	Verminderung/Erhöhung Net Working Capital
-	geschätzte Reinvestitionen
=	**Free Cashflow**

Quelle: Eigene Erstellung in Anlehnung an Damodaran (2012), S. 652 f.; Institut der Wirtschaftsprüfer in Deutschland e.V. (Hrsg.) (2014), Tz. A 297/ S. 97 f.

Anhang-Abbildung 11: Modifiziertes FCF-Ermittlungsschema

Anhang 7: Unternehmenswertermittlung Zalando SE

Anhang-Abbildung 12 zeigt die ausführliche Unternehmenswertermittlung für alle drei Szenarien. Diskontierungszinssatz und Diskontierungsfaktor sind der Berechnung in Anhang-Abbildung 7 entnommen. Der jeweilige FCF wird hier durch den jeweiligen Diskontierungsfaktor dividiert und führt so zum Wert des Cashflows der jeweiligen Periode zum Bewertungszeitpunkt. Zur Ermittlung des TV gemäß Gleichung (17) sind jeweils der FCF, der Diskontierungszinssatz und die Wachstumsrate im TV erforderlich. Hieraus wird dann der TV berechnet[366], welcher anschließend mittels des errechneten Diskontierungsfaktors abgezinst wird. Der so entstehende Wert wird in der Zeile „Unternehmenswert" aufgeführt und ergibt zusammen mit den Werten der einzelnen Jahre den gesamten vorläufigen Unternehmenswert – im Best Case-Szenario beispielhaft 10.613 Mio. €. Gleichung (1) folgend, erfolgt noch der Abzug des Marktwertes des Fremdkapitals. Dieser beträgt gemäß Abbildung 10 per 2013 525 Mio. €. Hieraus folgt der endgültige Eigenkapitalwert – im Best Case-Szenario beispielhaft 10.089 Mio. €. Zur Ermittlung des Wertes je Aktie wird der so ermittelte Wert durch die Anzahl der emittierten Aktien dividiert (und mit 1.000.000 multipliziert). Abschließend wird ein mittlerer, hier annahmegemäß nicht gewichteter Unternehmenswert aus den drei Unternehmenswerten gebildet – 3.845 Mio. € – und ebenfalls durch die Anzahl emittierter Aktien geteilt (und mit 1.000.000 multipliziert). Die liquiden Mittel werden in der Excel-Kalkulation nicht hinzuaddiert.[367]

---

[366] Vgl. Gleichung (17). Der Diskontierungszinssatz für die Ermittlung des „TV vor Abzinsung" wird in Anhang-Abbildung 12 nicht noch einmal gesondert ausgewiesen, sondern direkt Anhang-Abbildung 7 entnommen.

[367] Vgl. Kapitel 6.

Szenario 1 (Best Case)

	2015	2016	2017	2018	2019	TV	
FCF	5	58	126	167	226		
Diskontierungszinssatz	25,60%	25,60%	17,80%	17,80%	11,90%		
Diskontierungsfaktor	1,256	1,578	1,858	2,189	2,450		
Unternehmenswert	4	37	68	76	92	10.336	10.613

	FCF	Wachstums-rate TV	TV vor Abzinsung	Diskontier-ungsfaktor
TV:	255	11%	28333	2,741
Eigenkapitalwert:	10.089			

Anzahl Aktien in Mio.	EK-Wert	Wert je Aktie
244.762.223	10.089	41,22 €

Szenario 2 (Worst Case)

	2015	2016	2017	2018	2019	TV	
FCF	0	41	78	102	89		
Diskontierungszinssatz	25,60%	25,60%	17,80%	17,80%	11,90%		
Diskontierungsfaktor	1,256	1,578	1,858	2,189	2,450		
Unternehmenswert	0	26	42	47	36	480	631

	FCF	Wachstums-rate TV	TV vor Abzinsung	Diskontier-ungsfaktor
TV:	104	4%	1316	2,741
Eigenkapitalwert:	106			

Anzahl Aktien in Mio.	EK-Wert	Wert je Aktie
244.762.223	106	0,43 €

Szenario 3 (Base Case)

	2015	2016	2017	2018	2019	TV	
FCF	9	45	89	97	133		
Diskontierungszinssatz	25,60%	25,60%	17,80%	17,80%	11,90%		
Diskontierungsfaktor	1,256	1,578	1,858	2,189	2,450		
Unternehmenswert	7	29	48	44	54	1.684	1.866

	FCF	Wachstums-rate TV	TV vor Abzinsung	Diskontier-ungsfaktor
TV:	180	8%	4615	2,741
Eigenkapitalwert:	1.341			

Anzahl Aktien in Mio.	EK-Wert	Wert je Aktie
244.762.223	1.341	5,48 €

Mittlerer Unternehmenswert	3.845
Mittlerer Wert je Aktie	15,71 €

Quelle: Eigene Erstellung in Anlehnung an Damodaran (2012), S. 657 ff.

Anhang-Abbildung 12: Unternehmenswertermittlung

The manufacturer's authorised representative in the EU is Springer
Nature Customer Service Centre GmbH, Europaplatz 3, 69115 Heidelberg,
Germany. If you have any concerns regarding our products, please
contact ProductSafety@springernature.com

Printed and bound by CPI Group (UK) Ltd, Croydon, CR0 4YY
27/04/2026
02097666-0012